UKRAINIAN STORIES

FOR BEGINNERS

DIVE INTO UKRAINIAN CULTURE, EXPAND YOUR
VOCABULARY, AND MASTER BASICS THE FUN WAY!

BY ADRIAN GEE

ISBN: 979-8-323394-85-2

Author's Note

Welcome to "69 Short Ukrainian Stories for Beginners"! It is my absolute pleasure to guide you through the fascinating journey of learning Ukrainian, a language that is both beautiful and rich in cultural nuance. This collection of stories is designed to open doors to an engaging and effective way of expanding your vocabulary, mastering basic grammatical structures, and developing a true love for the Ukrainian language.

My passion for languages and education has driven me to create this unique compilation, aiming to make Ukrainian language learning accessible, enjoyable, and deeply rewarding for beginners. Each story is carefully crafted to not only provide linguistic insights but also to spark your imagination and curiosity, making language learning an adventure rather than a chore.

Connect with Me: Join our language learning community on Instagram: @adriangruszka. Share your Ukrainian learning journey, and let's celebrate your progress together!

Sharing is Caring: If you find joy and progress in your Ukrainian learning journey with this book, please share it and tag me on social media. Your feedback is invaluable, and I look forward to seeing how these stories enhance your learning.

Diving into "69 Short Ukrainian Stories for Beginners" is more than learning a language; it's about discovering new perspectives and the beauty of Ukrainian culture. Embrace the adventure and enjoy every step towards fluency. Бажаю успіхів! (Good luck!)

- *Adrian Gee*

CONTENTS

INTRODUCTION

Welcome

Welcome to "69 Short Ukrainian Stories for Beginners," your gateway to learning Ukrainian through engaging and thoughtfully crafted stories. Whether you are a complete beginner or someone looking to refresh their language skills, this book offers a unique approach to mastering the basics of the Ukrainian language. Let's embark on this linguistic journey together!

What the Book is About

This book is designed with the beginner in mind, offering a diverse collection of 69 short stories that span various genres and themes. Each story is constructed to introduce you to basic Ukrainian vocabulary, grammatical structures, and cultural nuances in an enjoyable and digestible format. Unlike traditional textbooks, these stories are intended to captivate your interest and stimulate your learning process, making Ukrainian more accessible and enjoyable to learn.

How the Book is Laid Out

Each story is followed by a glossary of key terms used in the tale, helping you expand your vocabulary. After the glossary, comprehension questions and a summary in Ukrainian challenge you to use your new skills and ensure you've grasped the content of the story. This format is designed to reinforce the material, improve your reading comprehension, and encourage active learning.

Recommendations and Tips on How to Get the Most Out of the Book

1. **Read Regularly:** Consistency is key when learning a new language. Aim to read at least one story per day to maintain progress and build your confidence in understanding Ukrainian.

2. **Use the Glossary:** Frequently refer to the glossary to familiarize yourself with new words and phrases. Try to use them in your daily practice to enhance retention.

3. **Engage with the Comprehension Questions:** Answer the questions at the end of each story to test your understanding. This reinforces learning and boosts your ability to use Ukrainian in context.

4. **Practice Out Loud:** Reading aloud helps with pronunciation and fluency. Read the stories or summaries aloud to become more comfortable speaking Ukrainian.

5. **Immerse Yourself:** Beyond this book, try to immerse yourself in the Ukrainian language through music, movies, and conversations with native speakers. This real-world exposure complements your learning and deepens your cultural understanding.

- Chapter One -
THE LOST KEY

Загублений Ключ

Oдного сонячного ранку Анна не може знайти свій ключ. Їй потрібен ключ, щоб відчинити двері свого будинку. Анна починає шукати скрізь.

Спочатку вона дивиться у свою кишеню. "Чи мій ключ у кишені?" - думає вона. Але кишеня порожня.

Тоді Анна згадує, що могла залишити ключ у будинку. Вона йде до вікна подивитися всередину. Але ключа не видно.

Далі, Анна вирішує пошукати під дверним килимком. Багато людей ховають запасний ключ там. Вона піднімає килимок, але ключа там немає.

Анна починає сумувати. Їй потрібна допомога. Вона телефонує своєму другові, Томові. "Томе, я загубила свій ключ. Чи можеш ти допомогти мені його пошукати?" - запитує вона.

Том швидко приходить. Разом вони дивляться за горщиком з квітами перед будинком. І ось там вони знаходять ключ!

"Дякую, Томе! Ти допоміг мені знайти мій ключ," - радісно каже Анна. Тепер вона може відчинити двері та зайти до свого будинку.

Vocabulary

Key	*Ключ*
Find	*Знайти*
Door	*Двері*
Lost	*Загублений*
Search	*Пошук*
House	*Будинок*
Open	*Відчинити*
Pocket	*Кишеня*
Remember	*Згадати*
Floor	*Підлога*
Under	*Під*
Behind	*За*
Front	*Перед*
Inside	*Всередині*
Help	*Допомога*

Questions About the Story

1. *What does Anna need to open?*

   a) Her car
   b) Her house door
   c) A window

2. *Where does Anna first look for her key?*

   a) Under the doormat
   b) In her pocket
   c) Behind the flowerpot

3. *What is Anna's reaction when her pocket is empty?*

   a) She is happy
   b) She is relieved
   c) She is sad

4. *Who does Anna call for help?*

   a) Her neighbor
   b) A locksmith
   c) Her friend, Tom

5. *Where was the key finally found?*

   a) Inside the house
   b) Under the doormat
   c) Behind the flowerpot

Correct Answers:

1. b) Her house door
2. b) In her pocket
3. c) She is sad
4. c) Her friend, Tom
5. c) Behind the flowerpot

- Chapter Two -
A DAY AT THE PARK

День у Парку

Люсі та її друг Макс вирішили провести день у парку. Парк повний високих дерев, а небо ясне та блакитне. Вони беруть м'яч грати та пікнік, щоб насолодитися під зеленими деревами.

Під час прогулянки до улюбленого місця вони бачать птахів, які літають вгорі, та квіти різних кольорів. Сонце яскраво світить, роблячи цей день ідеальним для пікніку.

Вони розстилають ковдру на траві біля лавки та розкладають свій пікнік. Після їжі Люсі каже: "Давай пограємо з м'ячем!" Вони бігають навколо, кидають та ловлять м'яч, сміючись увесь час.

Після гри вони сидять на лавці, спостерігаючи за небом та відпочиваючи. "Я люблю такі дні," - каже Макс, усміхаючись. Люсі киває: "Я теж, тут так мирно."

Коли сонце починає заходити, вони збираються та йдуть додому, щасливі після чудового дня в парку.

Vocabulary

Park	*Парк*
Tree	*Дерево*
Play	*Грати*
Ball	*М'яч*
Run	*Бігати*
Friend	*Друг*
Laugh	*Сміятися*
Bench	*Лавка*
Bird	*Птах*
Sky	*Небо*
Green	*Зелений*
Flower	*Квітка*
Sun	*Сонце*
Picnic	*Пікнік*
Walk	*Ходити*

Questions About the Story

1. *Who did Lucy go to the park with?*

    a) Her dog
    b) Her brother
    c) Her friend, Max

2. *What did Lucy and Max bring to the park?*

    a) A kite
    b) A ball and a picnic
    c) Bicycles

3. *What color was the sky when Lucy and Max went to the park?*

    a) Grey and cloudy
    b) Clear and blue
    c) Rainy and dark

4. *What did they see as they walked to their favorite spot?*

    a) Cats running around
    b) Ducks swimming in a pond
    c) Birds flying above and flowers of many colors

5. *What did they do after eating their picnic?*

    a) They went for a swim
    b) They took a nap
    c) They played with the ball

Correct Answers:

1. c) Her friend, Max
2. b) A ball and a picnic
3. b) Clear and blue
4. c) Birds flying above and flowers of many colors
5. c) They played with the ball

- Chapter Three -
BIRTHDAY SURPRISE

Сюрприз на День Народження

Сьогодні день народження Мії, і її друзі підготували для неї сюрпризну вечірку. У них є торт, кульки та прикраси. Мія нічого не знає про вечірку.

Коли Мія заходить до кімнати, всі вистрибують та кричать: "Сюрприз!" Мія шокована, але дуже щаслива. Вона бачить торт із свічками та усміхається.

Її друзі співають "З днем народження", і Мія задуває свічки, загадуючи бажання. Потім вони дають їй подарунки та листівки, висловлюючи свою любов і побажання для неї.

Кімната наповнена сміхом і радістю, оскільки вони святкують. Мія дякує всім: "Це найкращий сюрприз на день народження!"

Вони проводять вечір, їдять торт, грають у ігри та насолоджуються вечіркою. Мія відчуває вдячність за таких чудових друзів.

Vocabulary

Birthday	День народження
Cake	Торт
Party	Вечірка
Gift	Подарунок
Surprise	Сюрприз
Balloon	Кулька
Invite	Запросити
Happy	Щасливий
Candle	Свічка
Sing	Співати
Friend	Друг
Card	Листівка
Wish	Бажання
Celebrate	Святкувати
Decoration	Прикраса

Questions About the Story

1. *What occasion is being celebrated in the story?*

    a) A wedding
    b) An anniversary
    c) A birthday

2. *What do Mia's friends have ready for her?*

    a) A movie
    b) A concert ticket
    c) A cake, balloons, and decorations

3. *How does Mia react when her friends surprise her?*

    a) She is confused
    b) She is unhappy
    c) She is shocked but happy

4. *What do Mia's friends do after yelling "Surprise!"?*

    a) They leave the room
    b) They sing "Happy Birthday"
    c) They start dancing

5. *What does Mia do after her friends sing to her?*

    a) She leaves the party
    b) She cuts the cake
    c) She blows out the candles

Correct Answers:

1. c) A birthday
2. c) A cake, balloons, and decorations
3. c) She is shocked but happy
4. b) They sing "Happy Birthday"
5. c) She blows out the candles

- Chapter Four -
THE NEW NEIGHBOR

Новий Сусід

Емілі тільки що переїхала у нову квартиру на Вулиці Кленова. Вона хвилюється, але водночас радіє можливості познайомитись зі своїми сусідами.

Поки вона розвантажує коробки зі свого вантажівки, вона помічає, що хтось наближається. Це її сусід по сусідству, Олексій, який приходить привітати її з теплою посмішкою.

"Привіт! Я Олексій. Живу поруч. Якщо тобі потрібна допомога, просто скажи," - каже Олексій, простягаючи руку.

Емілі вдячна та відповідає: "Дякую, Олексію! Можливо, мені згодом знадобиться допомога." Вони трохи розмовляють, і Олексій пропонує представити Емілі інших сусідів.

Пізніше того ж дня Олексій повертається та допомагає Емілі з коробками. Потім вони йдуть прогулятися вулицею, зустрічаючи інших дружніх сусідів, які тепло вітають Емілі.

Почуваючись прийнятою і щасливою, Емілі рада, що переїхала на Вулицю Кленову і з нетерпінням чекає на нові знайомства.

Vocabulary

Neighbor	*Сусід*
Move	*Переїхати*
Welcome	*Вітати*
Apartment	*Квартира*
Box	*Коробка*
New	*Новий*
Meet	*Зустрічати*
Help	*Допомога*
Introduce	*Представляти*
Friendly	*Дружній*
Street	*Вулиця*
Next	*Поруч*
Doorbell	*Дзвінок*
Smile	*Посмішка*
Greet	*Вітати*

Questions About the Story

1. *How does Emily feel about meeting her new neighbors?*

    a) Indifferent
    b) Nervous but excited
    c) Scared

2. *Who approaches Emily as she is unloading her truck?*

    a) A delivery person
    b) A distant relative
    c) Her next-door neighbor, Alex

3. *What does Alex offer Emily?*

    a) A welcome gift
    b) To call for more help
    c) Help with her boxes

4. *What does Alex do later that day?*

    a) Invites Emily for dinner
    b) Comes back and helps with boxes
    c) Takes Emily to a party

5. *During their walk, what do Emily and Alex do?*

    a) Meet other friendly neighbors
    b) Go shopping
    c) Visit the local library

Correct Answers:

1. b) Nervous but excited
2. c) Her next-door neighbor, Alex
3. c) Help with her boxes
4. b) Comes back and helps with boxes
5. a) Meet other friendly neighbors

- Chapter Five -
LOST IN THE CITY

Загублена у Місті

Одного дня Емма загубилася у великому місті. У неї була карта, але вулиці її бентежили. "Де я?" - замислювалася вона, дивлячись на карту.

Спочатку вона намагалася запитати про дорогу. Вона підійшла до привітно виглядаючої особи та запитала: "Вибачте, не підкажете, як дістатися до Головної вулиці?" Та особа вказала їй на розі.

Емма пішла до рогу, але світлофори та забиті тротуари змусили її зупинитися. Їй потрібно було перейти вулицю, але вона не була впевнена коли.

Вона знайшла площу з великим знаком "Центральний вокзал". "Ось куди мені потрібно повернутися, щоб сісти на свій потяг," - згадала Емма.

Нарешті, після того як вона запитала ще кількох людей та слідувала їхнім вказівкам, Емма знайшла шлях назад до станції. Вона була полегшена та щаслива, що знайшла дорогу. З того часу вона пообіцяла більше уваги приділяти знакам та вивчити, як орієнтуватися у місті.

Vocabulary

City	Місто
Map	Карта
Street	Вулиця
Lost	Загублена
Ask	Запитати
Direction	Напрямок
Corner	Ріг
Traffic light	Світлофор
Cross	Перехід
Busy	Забитий
Find	Знайти
Square	Площа
Sign	Знак
Return	Повернутися
Station	Станція

Questions About the Story

1. *What did Emma have to help her find her way in the city?*

    a) A compass
    b) A map
    c) A guidebook

2. *Who did Emma first ask for directions?*

    a) A police officer
    b) A shopkeeper
    c) A friendly-looking person

3. *What made Emma hesitate while trying to navigate the city?*

    a) Rain
    b) The traffic lights and busy sidewalks
    c) Getting a phone call

4. *Where did Emma need to return to catch her train?*

    a) Main Street
    b) The airport
    c) Central Station

5. *How did Emma finally find her way back?*

    a) By using a GPS
    b) By following the signs
    c) By asking more people for directions

Correct Answers:

1. b) A map
2. c) A friendly-looking person
3. b) The traffic lights and busy sidewalks
4. c) Central Station
5. c) By asking more people for directions

- Chapter Six -
A PICNIC BY THE LAKE

Пікнік біля Озера

Лукас та Мія вирішили влаштувати пікнік біля озера в сонячний день. Вони спакували кошик з бутербродами, фруктами та напоями. Вони також взяли велику ковдру, на якій можна сидіти, та деякі ігри для гри.

Коли вони прибули до озера, вони розстелили ковдру на траві під великим деревом. Озеро виглядало чудово під сонцем, а птахи літали над їхніми головами.

Після того як вони з'їли свої бутерброди та насолодилися фруктами, Лукас сказав: "Давай пограємо з м'ячем!" Вони провели деякий час, граючи, а потім вирішили поплавати в озері.

Вода була освіжаючою, і вони весело плавали та плюскотались. Після плавання вони лягли на ковдру, щоб відпочити та спостерігати за небом.

"Тут так мирно," - сказала Мія, слухаючи птахів та відчуваючи ніжне сонце. Вони залишилися там до заходу сонця, насолоджуючись своїм ідеальним днем біля озера.

Vocabulary

Lake	Озеро
Picnic	Пікнік
Basket	Кошик
Blanket	Ковдра
Sandwich	Бутерброд
Fruit	Фрукт
Drink	Напій
Friend	Друг
Sun	Сонце
Play	Грати
Swim	Плавати
Tree	Дерево
Grass	Трава
Relax	Відпочивати
Bird	Птах

Questions About the Story

1. *What did Lucas and Mia decide to do on a sunny day?*

    a) Go for a swim
    b) Have a picnic by the lake
    c) Play soccer

2. *What did they pack in their picnic basket?*

    a) Sandwiches, fruits, and drinks
    b) Pizza
    c) Burgers and fries

3. *Where did they spread the blanket for the picnic?*

    a) On the beach
    b) In a clearing
    c) Under a big tree

4. *What activity did Lucas suggest after eating?*

    a) Going home
    b) Swimming in the lake
    c) Playing with the ball

5. *How did they find the water when they went swimming?*

    a) Cold
    b) Too hot
    c) Refreshing

Correct Answers:

1. b) Have a picnic by the lake
2. a) Sandwiches, fruits, and drinks
3. c) Under a big tree
4. c) Playing with the ball
5. c) Refreshing

- Chapter Seven -

THE SCHOOL PROJECT

Шкільний Проєкт

У класі пана Сміта учні отримали завдання на шкільний проєкт. Вони мали працювати в командах, досліджувати тему та потім представляти її класу.

Анна, Бен, Чарлі та Дана сформували команду. Вони вирішили дослідити важливість переробки. Вони зібрали інформацію, створили звіт і працювали над презентацією.

У день презентації вони були нервові, але готові. Анна розпочала, роз'яснюючи процес дослідження. Бен обговорив переваги переробки, а Чарлі показав деякі статистичні дані. Дана завершила ідеями щодо того, як більше переробляти вдома та в школі.

Вчитель та клас були вражені. Вони багато чого навчились і обговорили, як могли б сприяти зусиллям з переробки. Команда пишалася своєю роботою і рада, що успішно завершила свій проєкт.

Vocabulary

Project	*Проєкт*
School	*Школа*
Team	*Команда*
Research	*Дослідження*
Present	*Представляти*
Teacher	*Вчитель*
Class	*Клас*
Learn	*Навчатися*
Work	*Робота*
Discuss	*Обговорювати*
Idea	*Ідея*
Report	*Звіт*
Create	*Створювати*
Group	*Група*
Finish	*Завершувати*

Questions About the Story

1. *What was the topic of the school project?*

    a) Global warming
    b) The importance of recycling
    c) Space exploration

2. *Who were the members of the team?*

    a) Anna, Ben, Charlie, and Dana
    b) Emily, Fred, George, and Hannah
    c) Isaac, Julia, Kyle, and Laura

3. *What did Ben discuss in the presentation?*

    a) The benefits of recycling
    b) How to plant a garden
    c) The process of photosynthesis

4. *What did the team create for their project?*

    a) A short film
    b) A magazine article
    c) A report and a presentation

5. *How did the team feel about their project?*

    a) Disappointed
    b) Confused
    c) Proud and happy

Correct Answers:

1. b) The importance of recycling
2. a) Anna, Ben, Charlie, and Dana
3. a) The benefits of recycling
4. c) A report and a presentation
5. c) Proud and happy

- Chapter Eight -
A WINTER'S TALE

Зимова Казка

Одного холодного зимового дня Лілі та Сем вирішили насолодитися снігом. Вони одягнули пальта, шарфи та рукавички, щоб зігрітися. Зовні земля була вкрита снігом, а вітер дув м'яко.

"Давай зліпимо сніговика," - запропонувала Лілі. Разом вони скатали великі кулі снігу для тіла сніговика та знайшли камінці для його очей та рота. Вони сміялися, коли ставили морквину на ніс.

Після будівництва сніговика вони дуже замерзли. "Мені потрібне щось, щоб зігрітися," - сказав Сем. Тому вони зайшли всередину і зробили гарячий шоколад. Теплий напій та затишний камін зробили їх почуття краще.

Пізніше вони вирішили спробувати покататися на лижах. Вони обережно спустилися з невеличкої гори, відчуваючи холодний вітер, як він віє. Лижі були веселими, але знову змусили їх замерзнути.

В кінці дня вони сиділи біля каміна, відчуваючи тепло. "Це був найкращий зимовий день," - сказав Сем, і Лілі погодилася. Вони насолоджувалися красою зими з тепла свого дому.

Vocabulary

Winter	Зима
Snow	Сніг
Cold	Холод
Coat	Пальто
Ice	Лід
Hot chocolate	Гарячий шоколад
Scarf	Шарф
Ski	Лижі
Snowman	Сніговик
Freeze	Замерзнути
Glove	Рукавичка
Wind	Вітер
Slide	Ковзати
Warm	Тепло
Fireplace	Камін

Questions About the Story

1. *What did Lily and Sam decide to do on a cold winter day?*

    a) Build a snowman
    b) Go skiing
    c) Make hot chocolate
    d) All of the above

2. *What did Lily suggest they make outside?*

    a) A snow angel
    b) A snowman
    c) An igloo

3. *What did they use for the snowman's nose?*

    a) A stone
    b) A stick
    c) A carrot

4. *What did Sam and Lily do to warm up after building the snowman?*

    a) Went for a walk
    b) Made hot chocolate
    c) Took a nap

5. *What activity did they try after warming up?*

    a) Ice skating
    b) Snowball fight
    c) Skiing

Correct Answers:

1. d) All of the above
2. b) A snowman
3. c) A carrot
4. b) Made hot chocolate
5. c) Skiing

- Chapter Nine -
THE MAGIC GARDEN

Чарівний Сад

Лена відкрила прихований сад за будинком своєї бабусі, зарослий і забутий. З цікавістю та захватом вона вирішила відродити його.

Коли Лена прибирала бур'яни та саджала нові насіння, вона помітила щось надзвичайне. Рослини виросли за ніч, квіти розквітли миттєво, і до саду почали прилітати раніше невидимі види метеликів та птахів.

Одного дня Лена знайшла таємниче, давнє насіння, закопане в кутку саду. Вона посадила його, і наступного ранку виросло величезне дерево, листя якого мерехтіло чарівними відтінками.

Сад став для Лени святилищем, місцем, де магія була реальністю. Вона дізналася, що сад зачарований, процвітаючи завдяки турботі та любові. Тут Лена могла розмовляти з рослинами, і здавалося, що вони її слухають, стаючи сильнішими та яскравішими.

Чарівний сад був не просто красивим; він був живим, наповненим дивами та таємницями, які чекали на відкриття. Лена знала, що вона є опікуном цього магічного місця, прихованою перлиною, де межа між реальністю та магією розмивалася.

Vocabulary

Garden	Сад
Flower	Квітка
Magic	Магія
Tree	Дерево
Grow	Рости
Plant	Саджати
Butterfly	Метелик
Bird	Птах
Color	Колір
Water	Вода
Sunlight	Сонячне світло
Seed	Насіння
Leaf	Лист
Beautiful	Красивий
Nature	Природа

Questions About the Story

1. *What did Lena discover behind her grandmother's house?*

    a) A hidden garden
    b) A treasure chest
    c) An ancient book

2. *What extraordinary thing happened when Lena planted new seeds?*

    a) The seeds turned to gold
    b) The plants grew overnight
    c) The seeds sang songs

3. *What did Lena find buried in the garden?*

    a) A mysterious, ancient seed
    b) A map
    c) A magic wand

4. *What grew from the mysterious seed Lena planted?*

    a) A beanstalk
    b) A rose bush
    c) A magical tree

5. *What became Lena's sanctuary?*

    a) The forest
    b) The magic garden
    c) Her grandmother's house

Correct Answers:

1. a) A hidden garden
2. b) The plants grew overnight
3. a) A mysterious, ancient seed
4. c) A magical tree
5. b) The magic garden

- Chapter Ten -
A TRIP TO THE ZOO

Поїздка до Зоопарку

Джек і Емілі вирішили провести свою суботу, досліджуючи міський зоопарк, із нетерпінням чекаючи побачити різноманітність тварин з усього світу.

Їхньою першою зупинкою був вольєр з левами, де вони спостерігали за величними тваринами, що лежали на сонці. Далі вони відвідали слонів, захоплені їхньою лагідною вдачею та інтелектом.

На виставці мавп Джек та Емілі сміялися з ігрових витівок приматів, які гойдалися з гілки на гілку. Вони були вражені різноманітністю видів і їхньою поведінкою.

Основною подією їхнього візиту стало шоу годування, де вони дізналися про дієти та догляд за тваринами. Особливо їх вразила грація жирафів та сила ведмедів.

Тримаючи карту зоопарку, вони переконалися, що не пропустили жодної виставки, від тропічних птахів до тераріуму. Вони завершили свій візит, відвідавши лекцію охоронця, отримавши уявлення про зусилля з охорони природи та важливість захисту дикої природи.

Коли вони виходили з зоопарку, Джек і Емілі відчували відновлене захоплення та глибше усвідомлення природного світу. Вони пообіцяли повернутися, із бажанням дізнатися більше і продовжити свою пригоду.

Vocabulary

Zoo	*Зоопарк*
Animal	*Тварина*
Lion	*Лев*
Elephant	*Слон*
Monkey	*Мавпа*
Cage	*Клітка*
Feed	*Годувати*
Visit	*Відвідати*
Bear	*Ведмідь*
Giraffe	*Жираф*
Ticket	*Квиток*
Guide	*Гід*
Map	*Карта*
Show	*Шоу*
Learn	*Вчити*

Questions About the Story

1. **What was the first animal enclosure that Jack and Emily visited at the zoo?**

   a) Lions
   b) Elephants
   c) Monkeys

2. **What fascinated Jack and Emily about the elephants?**

   a) Their playful antics
   b) Their gentle nature and intelligence
   c) Their loud roars

3. **What did Jack and Emily find amusing at the monkey exhibit?**

   a) The monkeys sleeping
   b) The monkeys swinging from branch to branch
   c) The monkeys hiding

4. **What was the highlight of Jack and Emily's visit to the zoo?**

   a) The lion's roar
   b) The feeding time show
   c) The elephant ride

5. **Which animal's grace impressed Jack and Emily during the feeding time show?**

   a) Bears
   b) Monkeys
   c) Giraffes

Correct Answers:

1. a) Lions
2. b) Their gentle nature and intelligence
3. b) The monkeys swinging from branch to branch
4. b) The feeding time show
5. c) Giraffes

- Chapter Eleven -
COOKING CLASS

Кулінарний Клас

Сара вирішила записатися на кулінарні курси, щоб вивчити нові рецепти. Клас проходив у великій кухні з багатьма інгредієнтами, готовими на столі.

Шеф-кухар показав їм, як змішувати інгредієнти для приготування торта. "Кулінарія - це як магія," сказав він, "з правильним рецептом ви можете створити щось смачне."

Сара уважно слідувала рецепту. Вона змішувала, випікала, а потім смакувала свій торт. Він вийшов смачним! Вона відчувала гордість та радість.

Вона навчилася нарізати овочі, смажити яйця та кип'ятити воду для пасти. Кожна страва, яку вона готувала, була новою пригодою.

На кінці заняття Сара та її однокласники насолоджувалися стравами, які вони приготували разом. Вона не могла дочекатися, коли готуватиме ці страви вдома.

Vocabulary

Cook	*Готувати*
Recipe	*Рецепт*
Ingredient	*Інгредієнт*
Kitchen	*Кухня*
Oven	*Духовка*
Mix	*Змішувати*
Bake	*Випікати*
Taste	*Смакувати*
Meal	*Страва*
Chef	*Шеф-кухар*
Cut	*Нарізати*
Dish	*Блюдо*
Spoon	*Ложка*
Fry	*Смажити*
Boil	*Кип'ятити*

Questions About the Story

1. *What did Sarah decide to join?*

   a) A dance class
   b) A cooking class
   c) A painting class

2. *What was the chef's analogy for cooking?*

   a) Cooking is like painting
   b) Cooking is like magic
   c) Cooking is like gardening

3. *What did Sarah feel after tasting her cake?*

   a) Disappointed
   b) Proud and happy
   c) Confused

4. *Which of the following skills did Sarah learn in the class?*

   a) Cutting vegetables
   b) Flying a kite
   c) Playing the guitar

5. *What did Sarah and her classmates do at the end of the class?*

   a) They went home immediately
   b) They cleaned the kitchen
   c) They enjoyed the meal they cooked

Correct Answers:

1. b) A cooking class
2. b) Cooking is like magic
3. b) Proud and happy
4. a) Cutting vegetables
5. c) They enjoyed the meal they cooked

- Chapter Twelve -
THE TREASURE HUNT

Полювання за Скарбами

Том та його друзі знайшли стару карту у книзі в бібліотеці. На ній було позначено скарб, схований на маленькому острові. Вони вирішили відправитися в пригоду, щоб знайти його.

Тримаючи карту в руках, вони шукали підказки. Кожна підказка приводила їх ближче до скарбу. Їм довелося копати, слідувати за знаками "X" та розгадувати загадки.

Після довгих пошуків вони відкрили скриню, повну золота! Вони не могли повірити своїм очам. Це була пригода їхнього життя.

Вони вирішили поділитися золотом зі своєю командою та пожертвувати частину в бібліотеку. Їхнє полювання за скарбами було успішним, і вони зрозуміли цінність співпраці.

Vocabulary

Treasure	Скарб
Map	Карта
Search	Пошук
Find	Знаходити
Clue	Підказка
Dig	Копати
Island	Острів
Adventure	Пригода
Chest	Скриня
Gold	Золото
Mystery	Загадка
Team	Команда
Follow	Слідувати
X (marks the spot)	X
Discover	Відкрити

Questions About the Story

1. *Where did Tom and his friends find the old map?*

   a) In a book at the library
   b) In Tom's attic
   c) On the internet

2. *What did the map show?*

   a) A hidden cave
   b) A treasure on a small island
   c) A secret passage

3. *What did Tom and his friends have to do to find the treasure?*

   a) Ask for directions
   b) Solve mysteries
   c) Buy a new map

4. *What did they find at the end of their search?*

   a) A chest full of gold
   b) A new friend
   c) A lost puppy

5. *What did they decide to do with the gold?*

   a) Keep it all for themselves
   b) Throw it back into the sea
   c) Share it with their team and donate some to the library

Correct Answers:

1. a) In a book at the library
2. b) A treasure on a small island
3. b) Solve mysteries
4. a) A chest full of gold
5. c) Share it with their team and donate some to the library

- Chapter Thirteen -
A RAINY DAY

Дощовий День

Був дощовий день, і Емілі застрягла у своєму будинку. Вона спостерігала, як краплі дощу стікають по вікну і слухала грім.

Вона відкрила парасольку і вирішила підстрибувати по калюжах надворі. Дощ зробив все свіжим і новим.

Змокнувши, вона сміялася та плюскотала у воді. Було весело грати у дощ, відчуваючи, як дощовик захищає її від надмірного змочення.

Повернувшись додому, Емілі відчувала затишок. Вона приготувала собі гарячий напій та сіла біля вікна читати улюблену книгу.

Дощовий день перетворився на спокійний час для Емілі. Вона насолоджувалася простим задоволенням читання та спостереження за дощем.

Vocabulary

Rain	Дощ
Umbrella	Парасолька
Puddle	Калюжа
Wet	Мокрий
Cloud	Хмара
Raincoat	Дощовик
Drop	Крапля
Splash	Плюскотати
Inside	Всередині
Window	Вікно
Play	Грати
Thunder	Грім
Lightning	Блискавка
Cozy	Затишний
Read	Читати

Questions About the Story

1. *What was Emily doing at the beginning of the story?*

    a) Reading a book
    b) Watching raindrops on the window
    c) Jumping in puddles

2. *What did Emily decide to do despite the rain?*

    a) Stay indoors and watch TV
    b) Go back to bed
    c) Jump in puddles outside

3. *What protected Emily from getting too wet?*

    a) Her raincoat
    b) A large tree
    c) An umbrella

4. *How did Emily feel playing in the rain?*

    a) Scared
    b) Excited
    c) Happy

5. *What did Emily do after coming back inside?*

    a) Took a nap
    b) Watched a movie
    c) Made herself a hot drink and read a book

Correct Answers:

1. b) Watching raindrops on the window
2. c) Jump in puddles outside
3. a) Her raincoat
4. c) Happy
5. c) Made herself a hot drink and read a book

- Chapter Fourteen -
AT THE SUPERMARKET

У Супермаркеті

Майк пішов у супермаркет із списком. Йому потрібно було купити їжу на тиждень. Він штовхав візок через ряди, шукаючи овочі, фрукти, молоко, хліб та сир.

Він перевіряв ціни та клав товари у свій візок. У супермаркеті було багато людей, але Майк знайшов все, що було в списку.

Коли він закінчив покупки, він підійшов до каси, щоб заплатити. На сир була знижка, тому він заощадив трохи грошей. Майк був щасливий через це.

Після оплати він поклав свої продукти у пакети і відніс їх до своєї машини. Він відчував себе добре, тому що купив здорову їжу для своєї родини.

Vocabulary

Supermarket	*Супермаркет*
Cart	*Візок*
Buy	*Купувати*
Food	*Їжа*
Price	*Ціна*
Cashier	*Касир*
List	*Список*
Vegetable	*Овоч*
Fruit	*Фрукт*
Milk	*Молоко*
Bread	*Хліб*
Cheese	*Сир*
Pay	*Платити*
Sale	*Розпродаж*
Bag	*Пакет*

Questions About the Story

1. *What was the main reason Mike went to the supermarket?*

   a) To buy clothes
   b) To buy food for the week
   c) To meet a friend

2. *Which of these items was NOT on Mike's shopping list?*

   a) Vegetables
   b) Fish
   c) Milk

3. *What did Mike do before putting items in his cart?*

   a) Checked the prices
   b) Called his friend
   c) Ate a snack

4. *Why was Mike happy after shopping?*

   a) He found a new job
   b) There was a sale on cheese
   c) He met a friend

5. *What did Mike do after finishing his shopping?*

   a) Went home directly
   b) Went to the cashier to pay
   c) Started shopping again

Correct Answers:

1. b) To buy food for the week
2. b) Fish
3. a) Checked the prices
4. b) There was a sale on cheese
5. b) Went to the cashier to pay

- Chapter Fifteen -

THE MUSIC LESSON

Музичний Урок

Анна любила музику і вирішила взяти музичні уроки. Вона хотіла навчитися грати на музичному інструменті.

Її вчитель був пан Сміт. Він вмів грати на піаніно та гітарі. Він був добрим і терплячим.

На своєму першому уроці Анна навчилася грати прості ноти на піаніно. Вона також спробувала заспівати пісню. Це було весело!

Пан Сміт показав їй, як читати ноти та знаходити ритм. Анна практикувалася щодня. Вона мріяла колись грати в гурті.

Музика робила Анну щасливою. Вона була захоплена і хотіла вчитися більше та вдосконалювати свої навички.

Vocabulary

Music	*Музика*
Instrument	*Інструмент*
Play	*Грати*
Lesson	*Урок*
Teacher	*Вчитель*
Piano	*Піаніно*
Guitar	*Гітара*
Sing	*Співати*
Note	*Нота*
Song	*Пісня*
Practice	*Практикувати*
Band	*Гурт*
Sound	*Звук*
Rhythm	*Ритм*
Learn	*Вчити*

Questions About the Story

1. *What did Anna decide to take up?*

    a) Dance lessons
    b) Music lessons
    c) Art classes

2. *What instruments could Mr. Smith play?*

    a) Violin and drums
    b) Piano and guitar
    c) Flute and trumpet

3. *What did Anna learn in her first lesson?*

    a) How to dance
    b) How to play simple notes on the piano
    c) How to paint

4. *Besides playing the piano, what else did Anna try in her lesson?*

    a) Singing a song
    b) Playing the drums
    c) Drawing

5. *What did Mr. Smith teach Anna besides playing notes?*

    a) How to read music notes and find the rhythm
    b) How to write her own music
    c) How to conduct an orchestra

Correct Answers:

1. b) Music lessons
2. b) Piano and guitar
3. b) How to play simple notes on the piano
4. a) Singing a song
5. a) How to read music notes and find the rhythm

- Chapter Sixteen -
THE LOST PUPPY

Загублений Цуценя

Люсі знайшла загублене цуценя на вулиці. У цуценя не було нашийника, але воно було дуже лагідним і дружелюбним.

Вона вирішила пошукати власника цуценя. Вона зробила оголошення та розвісила їх по сусідству.

Люди побачили оголошення і допомогли Люсі у пошуку. Вони обшукали кожну вулицю і запитали кожного, кого зустріли.

Нарешті, хтось впізнав цуценя. Вони знали власника і зателефонували йому.

Власник цуценя був дуже радий знайти свого улюбленця. Він подякував Люсі за її доброту і допомогу.

Люсі обійняла цуценя на прощання. Вона була рада бачити, що цуценя повертається додому в безпеці.

Vocabulary

Puppy	Цуценя
Search	Пошук
Bark	Гавкати
Lost	Загублений
Poster	Оголошення
Street	Вулиця
Kind	Лагідний
Find	Знайти
Collar	Нашийник
Pet	Улюбленець
Happy	Щасливий
Home	Дім
Owner	Власник
Safe	Безпечний
Hug	Обіймати

Questions About the Story

1. *Why did Lucy decide to search for the puppy's owner?*

    a) She wanted to keep the puppy
    b) The puppy had a collar with a name
    c) She found the puppy lost and kind

2. *What did Lucy do to find the puppy's owner?*

    a) She took the puppy to a vet
    b) She made and put up posters around the neighborhood
    c) She called the police

3. *How did the community respond to Lucy's effort?*

    a) They ignored her
    b) They helped her search for the owner
    c) They advised her to keep the puppy

4. *How was the puppy's owner finally found?*

    a) Through a social media post
    b) Someone recognized the puppy from the posters
    c) The puppy ran back home on its own

5. *What was the puppy's owner's reaction to getting their pet back?*

    a) They were indifferent
    b) They offered a reward to Lucy
    c) They were very happy and thankful

Correct Answers:

1. c) She found the puppy lost and kind
2. b) She made and put up posters around the neighborhood
3. b) They helped her search for the owner
4. b) Someone recognized the puppy from the posters
5. c) They were very happy and thankful

- Chapter Seventeen -
THE ART COMPETITION

Художній Конкурс

Емма любила малювати. Вона вирішила взяти участь у художньому конкурсі. Взявши пензель, фарби і велике полотно, вона почала створювати свій малюнок. Емма хотіла створити щось яскраве та креативне.

Тема конкурсу була "Краса природи". Емма намалювала чудовий пейзаж з деревами, річкою і птахами, що літають на небі. Вона використала яскраві кольори, щоб її картина виділялася.

У день виставки картину Емми показали в галереї серед багатьох інших. Люди прийшли подивитися на мистецтво і проголосувати за свого фаворита.

Судді захоплювалися дизайном та креативністю Емми. Коли оголосили переможця, назвали ім'я Емми! Вона виграла приз за найкращу картину.

Емма відчувала гордість та радість. Її мистецтво було оцінене, і вона відчувала мотивацію малювати ще більше.

Vocabulary

Paint	Фарба
Brush	Пензель
Picture	Картина
Color	Колір
Prize	Приз
Judge	Суддя
Exhibit	Виставка
Creativity	Креативність
Design	Дизайн
Art	Мистецтво
Winner	Переможець
Gallery	Галерея
Canvas	Полотно
Display	Виставляти
Vote	Голосувати

Questions About the Story

1. *What did Emma decide to do?*

   a) Join a cooking class
   b) Enter an art competition
   c) Write a book

2. *What was the theme of the art competition?*

   a) Modern life
   b) Abstract thoughts
   c) Nature's Beauty

3. *What did Emma paint?*

   a) A cityscape
   b) A portrait
   c) A landscape with trees and a river

4. *What did Emma use to stand out her painting?*

   a) Dark colors
   b) Bright colors
   c) Only black and white

5. *What did the judges admire about Emma's painting?*

   a) The size
   b) The design and creativity
   c) The frame

Correct Answers:

1. b) Enter an art competition
2. c) Nature's Beauty
3. c) A landscape with trees and a river
4. b) Bright colors
5. b) The design and creativity

- Chapter Eighteen -
A DAY AT THE FARM

День на Фермі

Том відвідав ферму на один день. Він був радий бачити всіх тварин і дізнатися про життя на фермі. Фермер, пан Браун, зустрів Тома та показав йому довкола.

Спочатку вони пішли до стайні, щоб погодувати корів і коней. Том навчився доїти корову і був вражений цим процесом. Вони також збирали яйця у курей.

Том їздив на тракторі з паном Брауном, щоб побачити поля. Вони розмовляли про збір врожаю і як роблять сіно для тварин.

Том бачив свиней, годував їх і навіть допомагав збирати сіно. Він багато чому навчився про важку працю фермера.

На кінці дня Том відчував себе щасливим і вдячним. Він подякував пану Брауну за чудовий досвід на фермі.

Vocabulary

Farm	*Ферма*
Animal	*Тварина*
Cow	*Корова*
Horse	*Кінь*
Feed	*Годувати*
Barn	*Стайня*
Tractor	*Трактор*
Hay	*Сіно*
Milk	*Доїти*
Egg	*Яйце*
Farmer	*Фермер*
Field	*Поле*
Harvest	*Врожай*
Chicken	*Курка*
Pig	*Свиня*

Questions About the Story

1. *Who welcomed Tom to the farm?*

    a) The farm animals
    b) A neighbor
    c) Mr. Brown

2. *What did Tom learn to do for the first time on the farm?*

    a) Drive a tractor
    b) Milk a cow
    c) Ride a horse

3. *What did Tom and Mr. Brown talk about during the tractor ride?*

    a) The weather
    b) The animals' names
    c) The harvest and how hay is made

4. *Besides cows, which other animals did Tom feed?*

    a) Chickens
    b) Pigs
    c) Both chickens and pigs

5. *What was Tom's feeling at the end of his day at the farm?*

    a) Tired
    b) Happy and grateful
    c) Bored

Correct Answers:

1. c) Mr. Brown
2. b) Milk a cow
3. c) The harvest and how hay is made
4. c) Both chickens and pigs
5. b) Happy and grateful

- Chapter Nineteen -
THE SCIENCE FAIR

Науковий Фестиваль

Люсі готувалася до наукового фестивалю в своїй школі. У неї була чудова ідея для експерименту. Її проект стосувався хімічної реакції між харчовою содою та оцтом.

Люсі облаштувала свою експозицію в шкільній лабораторії. Вона мала всі свої дані та спостереження готові для презентації. Вона була трохи нервова, але й захоплена.

Під час фестивалю багато учнів та вчителів прийшли подивитися на експеримент Люсі. Вона пояснила свою гіпотезу та показала їм реакцію. Усі були вражені її роботою.

Після того, як усі проекти були протестовані та переглянуті, судді оголосили результати. Проект Люсі виграв приз за найкращий експеримент!

Люсі пишалася своєю наполегливою роботою. Науковий фестиваль став великим успіхом, і вона любила ділитися своїм інтересом до науки з іншими.

Vocabulary

Experiment	*Експеримент*
Science	*Наука*
Project	*Проект*
Hypothesis	*Гіпотеза*
Result	*Результат*
Research	*Дослідження*
Display	*Експозиція*
Test	*Тест*
Observation	*Спостереження*
Conclusion	*Висновок*
Data	*Дані*
Measure	*Вимірювати*
Laboratory	*Лабораторія*
Chemical	*Хімічний*
Reaction	*Реакція*

Questions About the Story

1. *What was Lucy's science fair project about?*

   a) The growth of plants
   b) The solar system
   c) The chemical reaction between baking soda and vinegar

2. *Where did Lucy set up her display for the science fair?*

   a) In the school library
   b) In the school laboratory
   c) In the school gymnasium

3. *How did Lucy feel about presenting her project?*

   a) Confident and bored
   b) Nervous but excited
   c) Indifferent

4. *Who was Lucy's audience during her experiment demonstration?*

   a) Only the judges
   b) Only her classmates
   c) Students and teachers

5. *What did Lucy do during the fair?*

   a) She only observed other projects
   b) She explained her hypothesis and showed the reaction
   c) She helped organize the event

Correct Answers:

1. c) The chemical reaction between baking soda and vinegar
2. b) In the school laboratory
3. b) Nervous but excited
4. c) Students and teachers
5. b) She explained her hypothesis and showed the reaction

- Chapter Twenty -
A SUMMER VACATION

Літня Відпустка

Анна та її родина вирішили відправитися в літню відпустку. Вони запакували свої валізи, намастилися сонцезахисним кремом і поїхали на пляж. Був сонячний день, ідеальний для купання та релаксації.

Вони зупинилися в невеликому готелі біля пляжу. Кожного дня вони подорожували по острову, відкриваючи нові місця. Анні подобалося фотографувати своєю камерою, щоб запам'ятати цю пригоду.

Одного дня вони вирішили купити сувеніри для своїх друзів. Вони знайшли гарні мушлі та листівки. Анна вибрала невелику ручно роблену човен як спогад про їхню подорож.

Увечері вони сиділи на пляжі, спостерігаючи за зірками. Анна почувалася щасливою та розслабленою. Ця відпустка була пригодою, яку вона ніколи не забуде.

Vocabulary

Vacation	*Відпустка*
Beach	*Пляж*
Travel	*Подорожувати*
Suitcase	*Валіза*
Hotel	*Готель*
Sunscreen	*Сонцезахисний крем*
Swim	*Плавати*
Map	*Карта*
Tourist	*Турист*
Relax	*Релаксувати*
Explore	*Досліджувати*
Adventure	*Пригода*
Souvenir	*Сувенір*
Island	*Острів*
Camera	*Камера*

Questions About the Story

1. *What did Anna and her family do during their summer vacation?*

   a) Went skiing
   b) Went to the beach
   c) Visited a museum

2. *What did Anna use to capture memories of their vacation?*

   a) Her memory
   b) A diary
   c) A camera

3. *What type of souvenirs did Anna and her family buy?*

   a) Magnets and keychains
   b) Shells and postcards
   c) T-shirts and hats

4. *What was Anna's special souvenir from the trip?*

   a) A seashell necklace
   b) A beach towel
   c) A small, handmade boat

5. *Where did Anna and her family stay during their vacation?*

   a) In a tent
   b) In a large resort
   c) In a small hotel near the beach

Correct Answers:

1. b) Went to the beach
2. c) A camera
3. b) Shells and postcards
4. c) A small, handmade boat
5. c) In a small hotel near the beach

- Chapter Twenty-One -
THE BICYCLE RACE

Велосипедна Гонка

Майк взяв участь у велосипедній гонці у своєму місті. Він надів шолом, перевірив шини свого велосипеда і переконався, що має потрібне спорядження для швидкості. Траса гонки була довгою та складною, але Майк був готовий змагатися.

Коли гонка розпочалася, Майк їхав так швидко, як міг. Він відчував вітер на обличчі та захоплення від змагання. Він фокусувався на фінішній лінії, намагаючись зберегти свою енергію.

Навколо нього інші велосипедисти також докладали всіх зусиль. Майк знав, що йому потрібно тримати швидкість, щоб перемогти. Коли вони наблизилися до фінішної лінії, Майк доклав усіх зусиль і перетнув її першим.

Він виграв гонку! Майк почувався гордим і щасливим. Тепер він був чемпіоном велосипедної гонки.

Vocabulary

Bicycle	*Велосипед*
Race	*Гонка*
Helmet	*Шолом*
Pedal	*Педалювати*
Speed	*Швидкість*
Track	*Траса*
Compete	*Змагатися*
Finish line	*Фінішна лінія*
Tire	*Шина*
Champion	*Чемпіон*
Route	*Маршрут*
Energy	*Енергія*
Cyclist	*Велосипедист*
Gear	*Спорядження*
Victory	*Перемога*

Questions About the Story

1. *What did Mike do to prepare for the bicycle race?*

    a) Checked his bicycle's tires
    b) Put on his running shoes
    c) Packed a lunch

2. *What was Mike's feeling during the race?*

    a) Scared
    b) Excited
    c) Tired

3. *How did Mike feel about the race track?*

    a) Easy
    b) Boring
    c) Long and challenging

4. *What was essential for Mike to win the race?*

    a) Speed
    b) A new bike
    c) A cheering crowd

5. *What did Mike focus on to keep his energy high?*

    a) The start line
    b) The other cyclists
    c) The finish line

Correct Answers:

1. a) Checked his bicycle's tires
2. b) Excited
3. c) Long and challenging
4. a) Speed
5. c) The finish line

- Chapter Twenty-Two -
A NIGHT AT THE CAMPING

Ніч на Кемпінгу

Сара та її друзі пішли в кемпінг у лісі. Вони розбили свій намет біля красивого озера. Коли настала ніч, вони розпалили багаття та смажили зефір.

Ліс був тихим, а небо повне зірок. Вони ділилися історіями та насолоджувалися спокоєм природи. Сара була щаслива відпочивати від міської метушні.

Перед сном вони увімкнули ліхтарики, щоб знайти дорогу назад до намету. Ніч була темною, але вогонь зігрівав їх.

Лежачи у наметі, вони слухали звуки лісу. Це була ідеальна ніч для кемпінгу. Сара думала про те, як вона любить тишу та зірки.

Vocabulary

Camping	Кемпінг
Tent	Намет
Fire	Вогонь
Marshmallow	Зефір
Forest	Ліс
Star	Зірка
Sleep	Сон
Dark	Темно
Flashlight	Ліхтарик
Backpack	Рюкзак
Nature	Природа
Quiet	Тихо
Campfire	Багаття
Night	Ніч
Lake	Озеро

Questions About the Story

1. *What did Sarah and her friends do as night fell during their camping trip?*

    a) They went to sleep immediately
    b) They lit a campfire and roasted marshmallows
    c) They packed up and went home

2. *What made Sarah feel happy while camping?*

    a) The busy city life
    b) The sound of cars passing by
    c) The peacefulness of nature

3. *What did Sarah and her friends use to find their way back to the tent?*

    a) A map
    b) Flashlights
    c) A compass

4. *How did Sarah and her friends feel about the forest at night?*

    a) Scared and uneasy
    b) Curious and adventurous
    c) Peaceful and content

5. *What kept Sarah and her friends warm at night?*

    a) Their sleeping bags
    b) The campfire
    c) Hot drinks

Correct Answers:

1. b) They lit a campfire and roasted marshmallows
2. c) The peacefulness of nature
3. b) Flashlights
4. c) Peaceful and content
5. b) The campfire

- Chapter Twenty-Three -
THE FAMILY REUNION

Сімейне Зібрання

Минулого літа Емма відвідала сімейне зібрання. Воно відбулося в будинку її дідусів та бабусі, де зібралися всі її родичі, включаючи двоюрідних братів, тіток та дядьків. Вони організували велике барбекю у саду.

Усі сміялися та ділилися історіями з минулого. Дідусі та бабуся Емми розповідали історії зі своєї молодості, які всі знаходили веселими та зворушливими. Було багато обіймів та усмішок, коли родичі знову зустрічалися.

Вони зробили багато фотографій, щоб зафіксувати спогади про цей день. Зібрання було святом сімейних зв'язків та любові. Вони насолоджувалися спільною трапезою, відчуваючи радість від зустрічі після довгого часу.

Емма була вдячна за свою родину. Зібрання нагадало їй про міцний зв'язок, який вони ділили. Вона з нетерпінням чекала наступних зустрічей.

Vocabulary

Family	Родина
Reunion	Зібрання
Cousin	Двоюрідний брат/сестра
Barbecue	Барбекю
Laugh	Сміятися
Story	Історія
Grandparent	Дідусь/бабуся
Hug	Обіймати
Together	Разом
Memory	Спогад
Photo	Фотографія
Celebration	Свято
Feast	Трапеза
Joy	Радість
Relative	Родич

Questions About the Story

1. *Where was the family reunion held?*

    a) At a park
    b) At Emma's house
    c) At her grandparents' house

2. *What did the family organize in the garden?*

    a) A dance party
    b) A big barbecue
    c) A swimming competition

3. *What were Emma's grandparents doing that everyone found amusing?*

    a) Performing magic tricks
    b) Singing
    c) Telling tales about their youth

4. *How did the family members feel during the reunion?*

    a) Indifferent
    b) Anxious
    c) Joyful and grateful

5. *What did Emma and her family do to capture memories of the day?*

    a) Painted a mural
    b) Wrote in a journal
    c) Took a lot of photos

Correct Answers:

1. c) At her grandparents' house
2. b) A big barbecue
3. c) Telling tales about their youth
4. c) Joyful and grateful
5. c) Took a lot of photos

- Chapter Twenty-Four -
A VISIT TO THE MUSEUM

Відвідування Музею

Ліам та його клас пішли на екскурсію до музею. Вони були захоплені можливістю побачити експозиції про історію та мистецтво. Гід музею провів їх через галереї, пояснюючи кожну експозицію.

Вони побачили давні скульптури та красиві картини. Ліам був зачарований історіями за кожним твором мистецтва. Вони дізналися про різні культури та відкрили для себе нову інформацію.

Однією з головних атракцій була статуя з давньої цивілізації. Ліам робив записи та задавав багато питань гіду. Він хотів навчитися якомога більше.

Відвідування музею стало освітньою пригодою. Ліам та його однокласники пішли, відчуваючи натхнення і бажання дізнатися більше про історію та мистецтво.

Vocabulary

Museum	Музей
Exhibit	Експозиція
History	Історія
Art	Мистецтво
Guide	Гід
Sculpture	Скульптура
Painting	Картина
Ticket	Квиток
Tour	Екскурсія
Ancient	Давній
Culture	Культура
Discover	Відкривати
Information	Інформація
Statue	Статуя
Gallery	Галерея

Questions About the Story

1. *What was the purpose of Liam and his class's visit to the museum?*

    a) To see exhibits about history and art
    b) To participate in an art competition
    c) To attend a music concert

2. *Who led Liam and his class through the museum?*

    a) Their teacher
    b) A museum guide
    c) A famous artist

3. *What did Liam find fascinating at the museum?*

    a) Modern art installations
    b) Ancient sculptures and beautiful paintings
    c) Interactive science exhibits

4. *What did Liam do when he saw the statue from an ancient civilization?*

    a) He ignored it
    b) He took notes and asked many questions
    c) He drew a sketch of it

5. *What did Liam and his classmates learn about at the museum?*

    a) Different cultures
    b) Cooking recipes
    c) Sports history

Correct Answers:

1. a) To see exhibits about history and art
2. b) A museum guide
3. b) Ancient sculptures and beautiful paintings
4. b) He took notes and asked many questions
5. a) Different cultures

- Chapter Twenty-Five -
THE BOOK CLUB

Книжковий Клуб

Анна приєдналася до книжкового клубу у своєму районі. Щомісяця вони обирають роман для читання та обговорення. Цього місяця вони прочитали захоплюючу історію з інтригуючими персонажами та складним сюжетом.

На зустрічі члени поділилися своїми думками та інтерпретаціями книги. Вони обговорювали стиль автора та теми, розкриті в історії. У кожного були різні точки зору, що зробило обговорення жвавим та цікавим.

Анні сподобалося слухати, що думають інші про книгу. Їй було цікаво бачити, як одна історія може бути сприйнята так багатьма способами. Клуб також рекомендував інші книги цього автора та в схожих жанрах.

Участь у книжковому клубі дозволила Анні відкрити для себе нову літературу та знайти друзів, які поділяли її пристрасть до читання. Вона з нетерпінням чекала кожної зустрічі та нових книг, які вони разом вивчали.

Vocabulary

Book	*Книга*
Club	*Клуб*
Read	*Читати*
Discuss	*Обговорювати*
Author	*Автор*
Novel	*Роман*
Character	*Персонаж*
Plot	*Сюжет*
Meeting	*Зустріч*
Opinion	*Думка*
Chapter	*Розділ*
Recommend	*Рекомендувати*
Genre	*Жанр*
Theme	*Тема*
Literature	*Література*

Questions About the Story

1. *What activity does Anna participate in with her neighborhood?*

   a) Gardening
   b) Painting
   c) Reading books

2. *How often does the book club choose a new novel to read?*

   a) Every month
   b) Every week
   c) Every two months

3. *What did the book club members do at the meeting?*

   a) Practiced cooking
   b) Shared their opinions about the book
   c) Painted pictures

4. *How did Anna feel about the book club discussions?*

   a) Enlightened and interested
   b) Bored and uninterested
   c) Confused and overwhelmed

5. *What did the book club do besides discussing the current book?*

   a) Organized a picnic
   b) Took a group photo
   c) Recommended other books

Correct Answers:

1. c) Reading books
2. a) Every month
3. b) Shared their opinions about the book
4. a) Enlightened and interested
5. c) Recommended other books

- Chapter Twenty-Six -
SPORTS DAY

Спортивний День

Сьогодні в школі спортивний день. Усі раді змаганням. Команди готові, а атлети розминаються на треку. Повітря наповнене звуками вболівальників.

Першою дисципліною є забіг. Марк біжить якнайшвидше, його очі на фінішній лінії. Він виграє забіг і пишається, коли отримує медаль. Його тренер підтримує його, а команда голосно вболіває.

Далі йде стрибок у довжину. Сара глибоко вдихає та біжить. Вона стрибає з усіх сил та виграє ще одну медаль для своєї команди. Всі аплодують її виступу.

В кінці дня команда з найбільшою кількістю медалей виграє трофей. Вони наполегливо тренувалися для цього дня, і їхні зусилля виправдались. Спортивний день пройшов успішно, сповнений веселощів, змагань та командного духу.

Vocabulary

Competition	Змагання
Team	Команда
Medal	Медаль
Race	Забіг
Jump	Стрибок
Run	Біг
Winner	Переможець
Coach	Тренер
Sport	Спорт
Cheer	Вболівати
Athlete	Атлет
Track	Трек
Strength	Сила
Practice	Тренувати
Trophy	Трофей

Questions About the Story

1. *What event did Mark participate in during Sports Day?*

   a) Race
   b) Long jump
   c) Soccer

2. *Who won the race?*

   a) Sarah
   b) The coach
   c) Mark

3. *What did Mark feel after winning the race?*

   a) Sad
   b) Proud and happy
   c) Indifferent

4. *What event did Sarah win?*

   a) Race
   b) Long jump
   c) Chess

5. *What did the team win at the end of the day?*

   a) A medal
   b) A trophy
   c) A certificate

Correct Answers:

1. a) Race
2. c) Mark
3. b) Proud and happy
4. b) Long jump
5. b) A trophy

- Chapter Twenty-Seven -
THE MAGIC SHOW

Магічне Шоу

Сьогодні вечіром в міській раді відбудеться магічне шоу. Магістр Leo готовий зачарувати аудиторію своїми трюками та ілюзіями. Зал темний, крім прожектора, що світить на сцену.

Leo починає з того, що зникає кролик з його капелюха. Аудиторія здивовано зітхає, а потім аплодує. Наступним трюком він просить волонтера вибрати карту. Обрана карта чарівним чином з'являється у кишені Leo!

Фінальний акт є найбільш видовищним. Leo махає своєю паличкою, і з "пуфом" він зникає, а потім з'являється за аудиторією! Усі вражені та голосно вигукують.

Коли завіса опускається, аудиторія продовжує аплодувати, зачарована побаченим магічним шоу. Це був вечір, сповнений сюрпризів та чарівних ілюзій.

Vocabulary

Magic	*Магія*
Trick	*Трюк*
Magician	*Магістр*
Disappear	*Зникнути*
Rabbit	*Кролик*
Hat	*Капелюх*
Applaud	*Аплодувати*
Card	*Карта*
Illusion	*Ілюзія*
Show	*Шоу*
Wand	*Паличка*
Audience	*Аудиторія*
Perform	*Виступати*
Curtain	*Завіса*
Surprise	*Сюрприз*

Questions About the Story

1. *Where was the magic show hosted?*

    a) School auditorium
    b) Town hall
    c) Local park

2. *What was the first trick Leo performed?*

    a) Pulled a rabbit from his hat
    b) Made himself disappear
    c) Picked a card from a volunteer

3. *How did Leo surprise the audience with the card trick?*

    a) The card floated in mid-air
    b) The card changed colors
    c) The chosen card appeared in his pocket

4. *What was Leo's final act?*

    a) Turning day into night
    b) Making a volunteer vanish
    c) Disappearing and reappearing behind the audience

5. *How did the audience react to Leo's final act?*

    a) With silence
    b) With boos
    c) With loud cheers

Correct Answers:

1. b) Town hall
2. a) Pulled a rabbit from his hat
3. c) The chosen card appeared in his pocket
4. c) Disappearing and reappearing behind the audience
5. c) With loud cheers

- Chapter Twenty-Eight -
AT THE BEACH

На Пляжі

Емма та її друзі вирішили провести день на пляжі. Сонце світить, і легкий бриз охолоджує повітря. Вони розстелили свої рушники на м'якому піску та встановили тіньовий навіс.

Діти побудували піщаний замок біля берега, тоді як Емма та її друзі засмагали та балакали. Вони спостерігали за морськими чайками, що літали, та слухали шум хвиль.

Через деякий час вони всі пішли купатися. Вода була освіжаючою. Вони плескалися та грали у хвилях, сміялися та чудово проводили час.

Коли день добігав кінця, вони зібралися, залишаючи сліди на піску. День на пляжі був ідеальним, сповнений веселощів, релаксації та краси природи.

Vocabulary

Sand	*Пісок*
Wave	*Хвиля*
Shell	*Мушля*
Towel	*Рушник*
Sunbathe	*Засмагати*
Castle	*Замок*
Ocean	*Океан*
Seagull	*Морська чайка*
Shore	*Берег*
Swim	*Плавати*
Bucket	*Відро*
Sunburn	*Сонячний опік*
Surf	*Серфінг*
Cool	*Прохолодний*
Breeze	*Бриз*

Questions About the Story

1. *What did Emma and her friends decide to do for the day?*

    a) Go hiking
    b) Visit the museum
    c) Spend the day at the beach

2. *What activity did the children engage in near the shore?*

    a) Playing volleyball
    b) Building a sandcastle
    c) Swimming

3. *What did Emma and her friends do while the children played?*

    a) They went for a swim
    b) They built a sandcastle
    c) They sunbathed and chatted

4. *How did Emma and her friends feel when they went for a swim?*

    a) Tired
    b) Cold
    c) Refreshed

5. *What did they do as the day ended?*

    a) Started a campfire
    b) Left footprints in the sand as they packed up
    c) Stayed for the night

Correct Answers:

1. c) Spend the day at the beach
2. b) Building a sandcastle
3. c) They sunbathed and chatted
4. c) Refreshed
5. b) Left footprints in the sand as they packed up

- Chapter Twenty-Nine -
THE PHOTOGRAPHY CONTEST

Фотоконкурс

Анна любить фотографувати. Вона дізналася про фотоконкурс у своєму місті. Тема конкурсу — "Природа у місті". Анна була захоплена та хотіла зняти ідеальне зображення.

Вона взяла свій фотоапарат і прогулялася містом. Анна шукала найкращий кут, щоб показати природу у міському середовищі. Вона фотографувала дерева у парку, птахів на вулиці та квіти, що росли крізь тріщини у тротуарах.

Після багатьох знімків Анна обрала своє найкраще фото. Це було зображення метелика на квітці на тлі хмарочосів. Вона обробила фото, щоб краще виділити метелика, і подала його на конкурс.

Через кілька тижнів Анна отримала чудові новини. Вона виграла! Її знімок буде виставлено в міській раді. Вона виграла приз і була пишна своєю роботою. Анна рада, що змогла показати красу природи у місті через свій об'єктив.

Vocabulary

Camera	Фотоапарат
Photograph	Фотографувати
Picture	Зображення
Contest	Конкурс
Image	Зображення
Focus	Фокусувати
Prize	Приз
Capture	Захоплення
Lens	Об'єктив
Angle	Кут
Shot	Знімок
Edit	Обробляти
Theme	Тема
Winner	Переможець
Exhibit	Виставляти

Questions About the Story

1. *What is the theme of the photography contest Anna participates in?*

   a) Urban Landscapes
   b) Nature in the City
   c) City Nightlife

2. *What subjects does Anna photograph for the contest?*

   a) Skyscrapers and streets
   b) People in the city
   c) Trees, birds, and flowers

3. *What makes Anna's winning photograph special?*

   a) It shows a crowded city scene
   b) It captures a butterfly on a flower with skyscrapers in the background
   c) It is a picture of a sunset over the city

4. *How does Anna feel after winning the photography contest?*

   a) Disappointed
   b) Confused
   c) Proud

5. *What does Anna do with her camera in the city?*

   a) Sells it
   b) Takes photographs
   c) Loses it

Correct Answers:

1. b) Nature in the City
2. c) Trees, birds, and flowers
3. b) It captures a butterfly on a flower with skyscrapers in the background
4. c) Proud
5. b) Takes photographs

- Chapter Thirty -
A PLAY IN THE PARK

180

Вистава у Парку

Місцева театральна група вирішила виступити з виставою у парку. Вистава була комедією про дружбу та пригоди. Усі були захоплені можливістю виступити на відкритому повітрі.

Лукас був режисером. Він працював з акторами, репетируючи їхні репліки та дії. Актори носили кольорові костюми та використовували реквізит, щоб зробити сцени більш цікавими.

У день виступу багато людей прийшли у парк. Вони сідали на ковдри та стільці, чекаючи початку вистави. Коли завіса піднялася, актори з'явилися на сцені, і вистава розпочалася.

Глядачі насолоджувалися виставою. Вони сміялися та аплодували після кожної сцени. Актори раділи, що змогли принести радість так багатьом людям.

Після фінальної сцени глядачі віддали гучні оплески. Актори вклонилися, а Лукас подякував усім за прихід. Вистава у парку була успішною, і всі сподівалися побачити більше в майбутньому.

Vocabulary

Play	*Вистава*
Actor	*Актор*
Stage	*Сцена*
Performance	*Виступ*
Audience	*Глядачі*
Script	*Сценарій*
Character	*Персонаж*
Applause	*Аплодисменти*
Costume	*Костюм*
Rehearse	*Репетирувати*
Director	*Режисер*
Curtain	*Завіса*
Drama	*Драма*
Props	*Реквізит*
Scene	*Сцена*

Questions About the Story

1. *What type of play does the local theater group decide to perform in the park?*

    a) A drama about history
    b) A comedy about friendship and adventure
    c) A musical about love

2. *Who is the director of the play?*

    a) Lucas
    b) Emma
    c) Sarah

3. *What do the actors use to make the scenes more interesting?*

    a) Special lighting effects
    b) Colorful costumes and props
    c) Pre-recorded music

4. *How does the audience watch the play?*

    a) Standing up
    b) Sitting on blankets and chairs
    c) Via a live stream

5. *What is the audience's reaction to the play?*

    a) They are bored
    b) They are confused
    c) They laugh and applaud

Correct Answers:

1. b) A comedy about friendship and adventure
2. a) Lucas
3. b) Colorful costumes and props
4. b) Sitting on blankets and chairs
5. c) They laugh and applaud

Chapter Thirty-One

THE HEALTH FAIR

Ярмарок Здоров'я

У громадському центрі організовують ярмарок здоров'я. Ціль — навчити людей основам харчування, фізичних вправ та загального благополуччя. Багато лікарів та експертів приходять, щоб давати поради та проводити безкоштовні огляди.

Емілі цікаво дізнатися більше про здоровий спосіб життя. Вона відвідує різні стенди на ярмарку. На одному стенді вона дізнається про важливість фізичних вправ. Інший стенд пропонує поради з харчування для збалансованої дієти.

Також доступні скринінги для різних медичних перевірок. Емілі вирішує пройти огляд, і лікар каже їй, що вона здорова, але повинна регулярніше займатися спортом.

Емілі залишає ярмарок здоров'я з мотивацією. Вона багато дізналася про підтримку здоров'я свого тіла. Вона планує більше займатися спортом та краще харчуватися. Ярмарок здоров'я став чудовим початком її шляху до благополуччя.

Vocabulary

Health	Здоров'я
Fair	Ярмарок
Nutrition	Харчування
Exercise	Вправи
Doctor	Лікар
Check-up	Огляд
Wellness	Благополуччя
Booth	Стенд
Advice	Порада
Fitness	Фітнес
Screen	Скринінг
Healthy	Здоровий
Diet	Дієта
Prevention	Профілактика
Hygiene	Гігієна

Questions About the Story

1. *Where did the health fair take place?*

   a) At a school
   b) In a park
   c) At the community center

2. *What was the main goal of the health fair?*

   a) To promote local businesses
   b) To teach people about nutrition, exercise, and wellness
   c) To fundraise for the community center

3. *Which booth did Emily learn about the importance of exercise?*

   a) Nutrition booth
   b) Exercise booth
   c) Wellness booth

4. *What advice did another booth offer Emily?*

   a) To exercise more regularly
   b) To drink more water
   c) Nutritional advice for a balanced diet

5. *What did the doctor advise Emily after her health check-up?*

   a) She's healthy but should exercise more regularly
   b) She needs to eat more vegetables
   c) She should drink more water

Correct Answers:

1. c) At the community center
2. b) To teach people about nutrition, exercise, and wellness
3. b) Exercise booth
4. c) Nutritional advice for a balanced diet
5. a) She's healthy but should exercise more regularly

- Chapter Thirty-Two -
A BOAT TRIP

Подорож на Човні

Том та його друзі вирішили здійснити подорож на човні по річці. Том був капітаном маленького човна. Вони надягли рятувальні жилети для безпеки та розпочали свою подорож рано вранці.

Вода була спокійною, і вони бачили риб, які плавали під човном. Сонце яскраво світило, змушуючи воду іскритися. Вони пливли повз зелені береги, махаючи іншим човнам.

Опівдні вони кинули якір біля красивого місця та влаштували пікнік на палубі. Вони ділилися бутербродами та напоями, насолоджуючись видом і ніжними хвилями.

Після перерви вони продовжили свою подорож. Вони бачили птахів, які літали над річкою, і насолоджувалися свіжим повітрям. Подорож відчувалася як пригода.

Коли сонце заходило, вони повернулися в порт і пришвартували човен. Вони подякували Тому за те, що він був чудовим капітаном. Це був ідеальний день на воді, сповнений веселощів та релаксації.

Vocabulary

Boat	*Човен*
River	*Річка*
Sail	*Плисти*
Captain	*Капітан*
Fish	*Риба*
Water	*Вода*
Trip	*Подорож*
Anchor	*Якір*
Deck	*Палуба*
Wave	*Хвиля*
Life jacket	*Рятувальний жилет*
Port	*Порт*
Voyage	*Морська подорож*
Crew	*Екіпаж*
Dock	*Пришвартуватися*

Questions About the Story

1. *Who is the captain of the boat during the trip?*

   a) Tom
   b) One of Tom's friends
   c) A hired captain

2. *What safety gear did Tom and his friends wear on the boat?*

   a) Life jackets
   b) Helmets
   c) Elbow pads

3. *What time of day did they start their boat trip?*

   a) Early in the morning
   b) At noon
   c) In the evening

4. *What natural feature did they enjoy during their picnic on the deck?*

   a) Mountains
   b) Fish swimming under the boat
   c) Desert

5. *What did Tom and his friends do at noon during their boat trip?*

   a) Continued sailing
   b) Went swimming
   c) Had a picnic on the deck

Correct Answers:

1. a) Tom
2. a) Life jackets
3. a) Early in the morning
4. b) Fish swimming under the boat
5. c) Had a picnic on the deck

- Chapter Thirty-Three -
THE SCHOOL CONCERT

Шкільний Концерт

Школа вирішила організувати концерт, щоб продемонструвати свій музичний гурт і хор. Учні репетирували кілька тижнів, і всі були захоплені виступом.

Увечері концерту зал шкільного аудиторіуму заповнився глядачами. Світла погасли, а сцена освітилася. Гурт почав грати, а співаки почали співати. Музика заповнила кімнату, і глядачі були зачаровані.

Під час концерту кілька учнів виконували сольні номери. Вони грали на інструментах або співали, демонструючи свій талант. Після кожного виступу глядачі гучно аплодували, виявляючи свою подяку.

Фінальна пісня зібрала всіх на сцені. Це був чудовий момент, і коли музика завершилася, аплодисменти були громовими.

Концерт пройшов успішно. Учні пишалися своїм виступом, а глядачі відходили, наспівуючи останню пісню. Це була ніч, яку варто пам'ятати, сповнена музики та радості.

Vocabulary

Concert	Концерт
Music	Музика
Band	Гурт
Sing	Співати
Audience	Глядачі
Stage	Сцена
Instrument	Інструмент
Perform	Виступати
Choir	Хор
Song	Пісня
Applause	Аплодисменти
Microphone	Мікрофон
Rehearsal	Репетиція
Solo	Соло
Note	Нота

Questions About the Story

1. *What event does the story describe?*

   a) A school play
   b) A school concert
   c) A sports day

2. *What did the students do to prepare for the concert?*

   a) Practiced for weeks
   b) Studied science experiments
   c) Rehearsed a play

3. *How did the audience react to the concert?*

   a) They were silent
   b) They left early
   c) They applauded loudly

4. *What was the highlight of the concert?*

   a) The lighting
   b) The solos
   c) The costumes

5. *What brought everyone together on stage?*

   a) The opening song
   b) The final song
   c) An award ceremony

Correct Answers:

1. b) A school concert
2. a) Practiced for weeks
3. c) They applauded loudly
4. b) The solos
5. b) The final song

- Chapter Thirty-Four -
A WINTER FESTIVAL

Зимовий Фестиваль

У місті щороку проводять зимовий фестиваль. Цього року Люсі та її родина вирішили приєднатися до веселощів. На фестивалі багато різних заходів, таких як катання на ковзанах, бійки сніжками та пиття гарячого какао.

Вони починають з катання на ковзанах на замерзлому ставку. Спочатку Люсі трохи незграбна, але скоро вона починає ковзати як професіонал. Вони сміються і насолоджуються свіжим зимовим повітрям.

Далі вони влаштовують бійку сніжками, роблячи форти зі снігу. Сніжинки м'яко падають, додаючи веселощі. Після битви вони зігріваються гарячим какао біля каміну, відчуваючи затишок.

Кульмінацією фестивалю стає катання на санях. Вони утеплюються шарфами та рукавицями і насолоджуються поїздкою вулицями міста, відчуваючи холод, але люблячи тепло від спільного часу.

Зимовий фестиваль приносить радість і тепло в холодну пору. Люсі та її родина повертаються додому щасливими і задоволеними, вже з нетерпінням чекаючи наступного року.

Vocabulary

Festival	Фестиваль
Ice skating	Катання на ковзанах
Snowball	Сніжок
Hot cocoa	Гаряче какао
Winter	Зима
Snowflake	Сніжинка
Mittens	Рукавиці
Scarf	Шарф
Fireplace	Камін
Celebration	Святкування
Chill	Холод
Sleigh	Сани
Frost	Іній
Warmth	Тепло
Cozy	Затишний

Questions About the Story

1. *What is the theme of the winter festival?*

    a) Sports competitions
    b) Food tasting
    c) Ice skating and snow activities

2. *What activity did Lucy find challenging at first?*

    a) Sleigh riding
    b) Snowball fighting
    c) Ice skating

3. *How did Lucy and her family feel during the sleigh ride?*

    a) Scared
    b) Excited but cold
    c) Bored

4. *What did Lucy and her family do to warm up after the snowball fight?*

    a) Went home
    b) Drank hot cocoa by the fireplace
    c) Continued playing in the snow

5. *What makes the winter festival special for Lucy and her family?*

    a) Winning a prize
    b) The cold weather
    c) The joy and warmth of being together

Correct Answers:

1. c) Ice skating and snow activities
2. c) Ice skating
3. b) Excited but cold
4. b) Drank hot cocoa by the fireplace
5. c) The joy and warmth of being together

- Chapter Thirty-Five -
THE HOMEMADE ROBOT

Домашній Робот

Джейк любить винаходити речі. Одного дня він вирішує зібрати робота. Він збирає батареї, дроти та інші деталі. Він працює у своїй кімнаті, розробляючи та програмуючи свого нового друга.

Через кілька годин робот Джейка готовий. Він називає його Робо. Робо може рухатися, розмовляти і навіть допомагати з домашнім завданням. Джейк керує Робо за допомогою пульта та показує йому будинок.

Сім'я Джейка вражена Робо. Вони спостерігають, як Робо підбирає іграшки і прибирає кімнату. Джейк пишається своїм винаходом. Він планує більше експериментів, щоб покращити функції Робо.

Робо стає частиною сім'ї Джейка. Джейк багато вчиться про технології та машини завдяки Робо. Він мріє стати великим винахідником, створюючи більше роботів, щоб допомагати людям.

Vocabulary

Robot	*Робот*
Build	*Будувати*
Program	*Програмувати*
Battery	*Батарея*
Control	*Керування*
Invent	*Винаходити*
Machine	*Машина*
Design	*Розробка*
Circuit	*Схема*
Technology	*Технологія*
Sensor	*Сенсор*
Operate	*Керувати*
Experiment	*Експеримент*
Function	*Функція*
Automatic	*Автоматичний*

Questions About the Story

1. *What does Jake love to do?*

    a) Cook
    b) Invent things
    c) Play sports

2. *What is the name of Jake's robot?*

    a) Robo
    b) Buddy
    c) Sparky

3. *What can Robo do?*

    a) Sing
    b) Dance
    c) Help with homework

4. *How does Jake operate Robo?*

    a) Voice commands
    b) A remote control
    c) An app

5. *What is Jake's family's reaction to Robo?*

    a) Scared
    b) Amazed
    c) Indifferent

Correct Answers:

1. b) Invent things
2. a) Robo
3. c) Help with homework
4. b) A remote control
5. b) Amazed

- Chapter Thirty-Six -
A SCIENCE EXPERIMENT

Науковий Експеримент

Сара — цікава учениця, яка любить науку. Для свого шкільного проекту вона вирішує провести експеримент у лабораторії. Вона хоче зрозуміти хімічні реакції.

У захисних окулярах Сара обережно вимірює хімікати та виливає їх у пробірку. Вона спостерігає, як розчин змінює колір і утворюються бульбашки. Вона записує свої спостереження та гіпотезу.

Її вчитель спостерігає і схвалює. Сара пояснює свій експеримент класу, показуючи свої дані та результати. Її друзі вражені її знаннями та захоплюючою реакцією.

Експеримент Сари виграє шкільний науковий ярмарок. Вона відчуває гордість та радість від свого досягнення. Вона усвідомлює, що наука — це про дослідження та відкриття чудес світу.

Vocabulary

Experiment	*Експеримент*
Science	*Наука*
Test tube	*Пробірка*
Measure	*Вимірювати*
Observation	*Спостереження*
Laboratory	*Лабораторія*
Chemical	*Хімічний*
Reaction	*Реакція*
Hypothesis	*Гіпотеза*
Data	*Дані*
Result	*Результат*
Research	*Дослідження*
Safety goggles	*Захисні окуляри*
Solution	*Розчин*
Analyze	*Аналізувати*

Questions About the Story

1. *What is Sara's school project about?*

    a) Physics
    b) Chemical reactions
    c) Biology

2. *What does Sara wear for safety during her experiment?*

    a) Apron
    b) Safety goggles
    c) Gloves

3. *What happens to the solution in the test tube during Sara's experiment?*

    a) It freezes
    b) It changes color and bubbles
    c) It becomes solid

4. *Who observes Sara conducting her experiment?*

    a) Her friends
    b) Her parents
    c) Her teacher

5. *What does Sara do with her observations?*

    a) Tells her friends
    b) Writes them down
    c) Ignores them

Correct Answers:

1. b) Chemical reactions
2. b) Safety goggles
3. b) It changes color and bubbles
4. c) Her teacher
5. b) Writes them down

- Chapter Thirty-Seven -
THE LIBRARY ADVENTURE

Пригоди у Бібліотеці

Емілі приходить до бібліотеки, щоб знайти книгу для свого історичного проекту. Переглядаючи книжкові полиці, вона виявляє загадкову книгу без назви. Зацікавлена, вона відкриває її та знаходить карту, яка веде до прихованої частини бібліотеки.

З почуттям пригоди Емілі слідує за картою. Вона шепоче собі під ніс, збуджена таємницею. Бібліотекар спостерігає за нею з посмішкою, знаючи секрети бібліотеки.

Нарешті, Емілі знаходить приховану секцію. Вона наповнена старовинними книгами та історіями. Вона проводить години, читаючи і відкриваючи нове. Вона бере кілька книг додому, бажаючи дізнатися більше.

Повертаючи книги, Емілі дякує бібліотекарю за неймовірну пригоду. Вона знайшла не тільки книги, а й любов до читання та дослідження невідомого.

Vocabulary

Library	*Бібліотека*
Bookshelf	*Книжкова полиця*
Adventure	*Пригода*
Mystery	*Таємниця*
Librarian	*Бібліотекар*
Catalog	*Каталог*
Whisper	*Шепіт*
Discover	*Відкривати*
Title	*Назва*
Author	*Автор*
Chapter	*Розділ*
Story	*Історія*
Borrow	*Брати на час*
Return	*Повертати*
Reading	*Читання*

Questions About the Story

1. *What does Emily discover in the library?*

    a) A mysterious book
    b) A hidden door
    c) A secret map

2. *What does the mysterious book contain?*

    a) A spell
    b) A map to a hidden section
    c) A history of the library

3. *Who watches Emily with a knowing smile?*

    a) A friend
    b) A ghost
    c) The librarian

4. *What is Emily's main purpose for visiting the library?*

    a) To return a book
    b) To meet friends
    c) To find a book for her history project

5. *How does Emily feel when following the map?*

    a) Scared
    b) Excited
    c) Confused

Correct Answers:

1. a) A mysterious book
2. b) A map to a hidden section
3. c) The librarian
4. c) To find a book for her history project
5. b) Excited

- Chapter Thirty-Eight -
A HIKING TRIP

Похід в Гори

Том і Ліза вирішують вирушити в похід в гори. Вони пакують свої рюкзаки з водою, картою і компасом. Збуджені можливістю бути ближче до природи, вони розпочинають свою пригоду рано вранці.

Слідуючи за позначеним шляхом, вони проходять через густий ліс, слухаючи звуки дикої природи довкола них. Шлях крутий, але Том і Ліза насолоджуються кожним кроком, вдихаючи свіже гірське повітря.

На півдорозі вони зупиняються, щоб розбити табір. Вони розкидають намет і насолоджуються захоплюючим видом на долину знизу. Ніч тиха, і вони засинають під зорями.

Наступного дня вони досягають вершини. Вид зверху захоплюючий. Вони досліджують територію, роблячи фотографії, щоб запам'ятати свою подорож. Задоволені, вони починають спуск, вже плануючи свій наступний похід.

Vocabulary

Hike	*Похід*
Trail	*Шлях*
Backpack	*Рюкзак*
Map	*Карта*
Compass	*Компас*
Nature	*Природа*
Mountain	*Гора*
Forest	*Ліс*
Camp	*Табір*
View	*Вид*
Path	*Стежка*
Wildlife	*Дика природа*
Tent	*Намет*
Summit	*Вершина*
Explore	*Досліджувати*

Questions About the Story

1. *What do Tom and Lisa decide to do?*

    a) Have a picnic
    b) Go on a hiking trip
    c) Go fishing

2. *What do they pack in their backpacks?*

    a) Water, a map, and a compass
    b) Sunscreen and a beach towel
    c) A laptop and headphones

3. *Where do they decide to camp?*

    a) At the beach
    b) In a forest clearing
    c) Halfway up the mountain

4. *What is the view like from the summit?*

    a) Breathtaking
    b) Cloudy
    c) Foggy

5. *What do they do at the summit?*

    a) Start a fire
    b) Build a snowman
    c) Take photos

Correct Answers:

1. b) Go on a hiking trip
2. a) Water, a map, and a compass
3. c) Halfway up the mountain
4. a) Breathtaking
5. c) Take photos

- Chapter Thirty-Nine -
THE SCHOOL DANCE

Шкільний Бал

Шкільний спортзал перетворюється для щорічного шкільного балу. Кольорові світла та музика заповнюють приміщення, створюючи жваву атмосферу. Емма та її друзі взбуджені, одягнені в свої найкращі наряди.

Музика починає грати, і всі починають танцювати. Спочатку Емма відчуває сором, але скоро знаходить ритм і починає рухатися з упевненістю. Вона сміється та насолоджується моментом, відчуваючи биття музики.

Джейк, друг з класу, запрошує Емму потанцювати. Разом вони приєднуються до інших на танцполі, рухаючись в такт улюбленій пісні. Кімната наповнена енергією та сміхом, оскільки учні насолоджуються ніччю.

Коли грає остання пісня, Емма та її друзі збираються в коло, тримаючись за руки і танцюючи. Вони щасливі та вдячні за веселе вечора. Шкільний бал залишиться в пам'яті як чудовий спогад.

Vocabulary

Dance	*Танець*
Music	*Музика*
Friend	*Друг*
Dress	*Сукня*
Suit	*Костюм*
Gym	*Спортзал*
Move	*Рухатися*
Beat	*Биття*
Partner	*Партнер*
Fun	*Веселощі*
Song	*Пісня*
DJ	*DJ*
Step	*Крок*
Laugh	*Сміятися*
Enjoy	*Насолоджуватися*

Questions About the Story

1. *What did Tom and Lisa decide to do?*

    a) Go on a beach vacation
    b) Take a boat trip
    c) Go on a hiking trip in the mountains

2. *What did they bring with them for the hike?*

    a) Just a map
    b) Water, a map, and a compass
    c) Only their cellphones

3. *Where did they stop to camp?*

    a) At the summit
    b) Halfway up the mountain
    c) In the dense forest

4. *What was the atmosphere like during their hike?*

    a) Noisy and crowded
    b) Quiet and filled with the sounds of wildlife
    c) Extremely windy and uncomfortable

5. *What did they do at the summit?*

    a) Decided to camp there
    b) Took photos to remember their journey
    c) Called for help to descend

Correct Answers:

1. c) Go on a hiking trip in the mountains
2. b) Water, a map, and a compass
3. b) Halfway up the mountain
4. b) Quiet and filled with the sounds of wildlife
5. b) Took photos to remember their journey

- Chapter Forty -
AN UNEXPECTED JOURNEY

Несподівана Подорож

Марк отримує загадковий лист із картою та запрошенням на несподівану подорож. Заінтригований, він пакує свій рюкзак і вирушає, аби дізнатися, що його чекає впереді.

Слідуючи за картою, Марк подорожує через різноманітні пейзажі, кожен з яких красивіший за попередній. Він зустрічає обізнаного провідника, який розповідає історії про місцеву культуру та визначні місця.

Їхня пригода веде їх через давні руїни, річки та жваві міста. По дорозі Марк дізнається і переживає речі, про які він ніколи не мріяв. Подорож навчає його цінності досліджень та краси відкриттів невідомого.

Повертаючись додому, Марк усвідомлює, що справжнім скарбом була сама подорож та спогади, які він створив. Він з нетерпінням чекає наступної пригоди з відкритим серцем.

Vocabulary

Journey	*Подорож*
Surprise	*Сюрприз*
Destination	*Місце призначення*
Travel	*Подорожувати*
Map	*Карта*
Discover	*Відкривати*
Adventure	*Пригода*
Guide	*Провідник*
Explore	*Досліджувати*
Route	*Маршрут*
Vehicle	*Транспорт*
Backpack	*Рюкзак*
Landmark	*Визначне місце*
Culture	*Культура*
Experience	*Досвід*

Questions About the Story

1. *What does Mark receive that inspires him to start his journey?*

    a) A mysterious letter and a map
    b) A phone call from a friend
    c) A digital message

2. *What does Mark pack for his journey?*

    a) Just a camera and a notebook
    b) A backpack with water, a map, and a compass
    c) Only his phone and wallet

3. *Who does Mark meet that helps him during his journey?*

    a) A mysterious stranger
    b) A family member
    c) A knowledgeable guide

4. *What types of landscapes does Mark travel through?*

    a) Deserts and cities only
    b) Mountains and forests
    c) Ancient ruins, rivers, and vibrant cities

5. *What does Mark learn is the real treasure from his journey?*

    a) Gold and jewels
    b) The journey itself and the memories made
    c) A hidden artifact

Correct Answers:

1. a) A mysterious letter and a map
2. b) A backpack with water, a map, and a compass
3. c) A knowledgeable guide
4. c) Ancient ruins, rivers, and vibrant cities
5. b) The journey itself and the memories made

- Chapter Forty-One -
THE CULTURAL FESTIVAL

Культурний Фестиваль

Міська площа оживає завдяки щорічному культурному фестивалю. Різнобарвні кіоски вишикуються вулицями, кожен представляє різні культури з музикою, танцями та традиційними костюмами. Анна та Бен раді досліджувати.

Вони починають з танцювального виступу, де танцюристи в яскравих костюмах рухаються під ритми традиційної музики. Анна та Бен аплодують, захоплені енергією та майстерністю.

Далі вони бродять між кіосками з їжею, смакуючи страви з усього світу. Аромати спокушають, а кожен ковток — це відкриття нових смаків.

На кіоску з рукоділлям вони захоплюються ручними виробами, кожен з яких розповідає історію спадщини та традицій. Вони спостерігають за парадом виконавців, кожна група гордо демонструє свою культуру.

Фестиваль — це святкування різноманітності та єдності. Анна та Бен ідуть додому з глибшою пошаною до культур світу, їхні серця повні музики, а розуми збагачені новими знаннями.

Vocabulary

Festival	Фестиваль
Culture	Культура
Dance	Танець
Music	Музика
Tradition	Традиція
Costume	Костюм
Food	Їжа
Craft	Ремесло
Parade	Парад
Exhibit	Виставка
Celebration	Святкування
Performance	Виступ
Art	Мистецтво
Booth	Кіоск
Heritage	Спадщина

Questions About the Story

1. *What prompted Tom and Lisa to pack for their adventure?*

    a) A hiking trip in the mountains
    b) A beach vacation
    c) A skiing holiday

2. *What did Tom and Lisa bring with them for the hike?*

    a) Sunscreen and a surfboard
    b) A map and a compass
    c) Ski equipment

3. *Where did Tom and Lisa decide to camp during their hike?*

    a) At the summit
    b) In a dense forest
    c) Near a beautiful valley

4. *What was the view like from the summit?*

    a) Cloudy and obscured
    b) Breathtaking
    c) No view, it was too dark

5. *What did Tom and Lisa do at the summit?*

    a) Set up their tent
    b) Took photos
    c) Went fishing

Correct Answers:

1. a) A hiking trip in the mountains
2. b) A map and a compass
3. c) Near a beautiful valley
4. b) Breathtaking
5. b) Took photos

- Chapter Forty-Two -
A DAY WITHOUT ELECTRICITY

День Без Електрики

Одного вечора відключення електрики занурює місто у темряву. Емма та її родина опиняються без електрики. Вони запалюють свічки та збираються в вітальні, ліхтарик кидає тіні на стіни.

Тиша без звичного гулу електроніки дивна, але мирна. Вони вирішують грати в настільні ігри при світлі свічок, сміючись і насолоджуючись компанією один одного, як це не бувало давно.

Емма читає книгу при світлі ліхтаря, історія захоплює її більше в мерехтливому світлі. Ззовні зірки світять яскравіше без міських вогнів, і родина виходить поглянути на нічне небо, захоплюючись красою зірок.

Ніч без електрики зближує родину, нагадуючи їм про радість від простих речей і красу сповільненого життя.

Vocabulary

Electricity	Електрика
Candle	Свічка
Dark	Темрява
Light	Світло
Battery	Батарея
Flashlight	Ліхтарик
Quiet	Тиша
Read	Читати
Board game	Настільна гра
Night	Ніч
Family	Родина
Talk	Розмовляти
Fire	Вогонь
Lantern	Ліхтар
Stars	Зірки

Questions About the Story

1. *What event leads to the family spending time together without electricity?*

   a) A city-wide celebration
   b) A power outage
   c) A decision to unplug for the day

2. *What do Emma and her family use for light during the power outage?*

   a) Electric lamps
   b) Candles and a flashlight
   c) The light from their phones

3. *How does the family spend their time during the power outage?*

   a) Watching television
   b) Playing board games
   c) Sleeping early

4. *What does Emma do by the light of a lantern?*

   a) Cooks dinner
   b) Reads a book
   c) Plays a musical instrument

5. *What natural phenomenon is more visible due to the power outage?*

   a) Rainbows
   b) The stars
   c) Northern lights

Correct Answers:

1. b) A power outage
2. b) Candles and a flashlight
3. b) Playing board games
4. b) Reads a book
5. b) The stars

- Chapter Forty-Three -
THE BIG GAME

Велика Гра

Місцева футбольна команда дійшла до чемпіонату, і весь місто живе в передчутті цієї події. Сьогодні великий день, усі збираються на стадіоні, одягнені у кольори своєї команди та готові підтримувати їх.

Том, зірка команди, відчуває на собі вагу очікувань, але налаштований виграти. Тренер дає мотиваційну промову, нагадуючи команді про їхню працю і відданість.

Як тільки гра розпочинається, глядачі голосно вболівають. Змагання виявляється напруженим, але Том забиває переможний гол на останніх хвилинах. Стадіон вибухає радістю, коли команда святкує свою перемогу.

Після гри команда дякує своїм фанатам за підтримку. Велика гра стала не тільки перемогою для команди, а й святом громадського духу та командної роботи.

Vocabulary

Game	*Гра*
Team	*Команда*
Score	*Забивати*
Win	*Перемога*
Lose	*Програш*
Player	*Гравець*
Coach	*Тренер*
Field	*Поле*
Cheer	*Вболівати*
Uniform	*Форма*
Ball	*М'яч*
Goal	*Гол*
Match	*Матч*
Referee	*Арбітр*
Competition	*Змагання*

Questions About the Story

1. *What event is the town excited about?*

    a) A local festival
    b) The championship football game
    c) A concert

2. *Who is the star player of the team?*

    a) The coach
    b) Tom
    c) The goalkeeper

3. *What did the coach do before the game started?*

    a) Gave a motivational speech
    b) Scored a goal
    c) Left the stadium

4. *How did the crowd react as the game started?*

    a) They were silent
    b) They booed
    c) They cheered loudly

5. *What was the outcome of the game?*

    a) The team lost
    b) The team won
    c) The game was canceled

Correct Answers:

1. b) The championship football game
2. b) Tom
3. a) Gave a motivational speech
4. c) They cheered loudly
5. b) The team won

- Chapter Forty-Four -
A MYSTERY GUEST

Таємничий Гість

На щорічній вечірці Анни всіх хвилює прихід таємничого гостя. Анна відправляє запрошення з підказкою: "Цього року наш вечір зробить незабутнім сюрприз-гість." Усі радіють і здогадуються, хто це може бути.

Увечері вечірки гості прибувають, сповнені припущень та шепоту про таємничого гостя. Будинок наповнений сміхом та музикою. Анна насолоджується хвилюванням, але тримає секрет у таємниці.

На середині вечірки Анна збирає всіх. "Час розкрити нашого таємничого гостя!" - оголошує вона. Зал замовкає в очікуванні. З іншої кімнати з'являється таємничий гість — це відомий місцевий музикант, друг Анни, який був на гастролях за кордоном.

Гості в захваті, вони аплодують і вигукують радісно. Музикант виконує кілька пісень, роблячи вечір справді незабутнім. Таємничий гість став головною подією вечора, і всі дякують Анні за чудовий сюрприз.

Vocabulary

Guest	*Гість*
Mystery	*Таємниця*
Invite	*Запрошення*
Party	*Вечірка*
Surprise	*Сюрприз*
Guess	*Здогадуватися*
Reveal	*Розкривати*
Host	*Господар*
Evening	*Вечір*
Secret	*Таємниця*
Clue	*Підказка*
Discover	*Відкривати*
Whisper	*Шепотіти*
Excitement	*Хвилювання*
Unveil	*Відкривати*

Questions About the Story

1. *What was the occasion at Anna's house?*

   a) A birthday party
   b) An annual party
   c) A wedding celebration

2. *What clue did Anna provide about the surprise guest in the invites?*

   a) "A famous actor will join us."
   b) "This year, a surprise guest will make our evening unforgettable."
   c) "Guess who's coming to dinner."

3. *How did the guests react to the anticipation of the mystery guest?*

   a) They were indifferent
   b) They were excited and guessing
   c) They were confused

4. *Who was the mystery guest?*

   a) A famous author
   b) A local teacher
   c) A famous local musician

5. *What did the mystery guest do at the party?*

   a) Gave a speech
   b) Performed a few songs
   c) Cooked for the guests

Correct Answers:

1. b) An annual party
2. b) "This year, a surprise guest will make our evening unforgettable."
3. b) They were excited and guessing
4. c) A famous local musician
5. b) Performed a few songs

- Chapter Forty-Five -
THE CHARITY EVENT

Благодійний Захід

Громадський центр організовує благодійний захід на підтримку місцевої справи. Усіх запрошують брати участь, донатити та допомогти зробити різницю. Захід включає аукціон, на якому розігруються предмети, подаровані членами спільноти.

Сара добровільно допомагає на заході, організовуючи предмети для аукціону та вітаючи гостей. Вона вражена щедрістю людей, які збираються разом, щоб підтримати справу.

Коли аукціон починається, громадський центр наповнюється охочими учасниками. Кожен проданий предмет приносить більше грошей на справу, і Сара відчуває гордість та радість від зусиль своєї спільноти.

Захід виявляється успішним, збираючи значні кошти. Підтримка та щедрість спільноти перевершують очікування, і організатори дякують усім за їхні внески та дух дарування.

Vocabulary

Charity	Благодійність
Event	Захід
Donate	Донатити
Fundraise	Збір коштів
Volunteer	Волонтер
Help	Допомога
Cause	Справа
Support	Підтримка
Money	Гроші
Auction	Аукціон
Community	Спільнота
Generosity	Щедрість
Benefit	Користь
Organize	Організовувати
Contribution	Внесок

Questions About the Story

1. *What type of event does the community center organize?*

   a) A music concert
   b) A charity event
   c) A sports tournament

2. *What is included in the charity event?*

   a) A fashion show
   b) An auction
   c) A cooking competition

3. *What role does Sarah play at the event?*

   a) Auctioneer
   b) Performer
   c) Volunteer

4. *What does Sarah feel about the community's effort?*

   a) Disappointed
   b) Indifferent
   c) Proud and joyful

5. *What does the auction contribute to?*

   a) Raising funds for a local cause
   b) Celebrating the community's anniversary
   c) Funding the community center's renovation

Correct Answers:

1. b) A charity event
2. b) An auction
3. c) Volunteer
4. c) Proud and joyful
5. a) Raising funds for a local cause

- Chapter Forty-Six -
LEARNING TO SKATE

Навчання Катанню на Ковзанах

Емілі вирішує навчитися кататися на ковзанах і записується на уроки в місцевому катку. У перший день вона водночас нервує та радіє. Вона надягає ковзани, стає на лід і відразу відчуває себе невпевнено.

Її тренер, пан Джонс, заохочує її продовжувати спроби. "Баланс — це ключ," — каже він. Емілі тренується ковзати і повертати, поступово відчуваючи себе впевненіше на льоду. Вона кілька разів падає, але сміється, піднімається і продовжує.

З кожним уроком навички Емілі покращуються. Вона вчиться кататися швидше і з більшою спритністю. Її страх падіння зменшується, оскільки вона стає комфортнішою на льоду.

До кінця сезону Емілі може граційно ковзати по катку. Вона вдячна пану Джонсу за терпіння та керівництво. Навчання катанню на ковзанах навчило її не лише балансу на льоду, але й наполегливості та подоланню страхів.

Vocabulary

Skate	*Ковзани*
Ice	*Лід*
Rink	*Каток*
Balance	*Баланс*
Fall	*Падіння*
Helmet	*Шолом*
Glide	*Ковзати*
Coach	*Тренер*
Practice	*Практикувати*
Boots	*Чоботи*
Turn	*Поворот*
Learn	*Вчити*
Speed	*Швидкість*
Safety	*Безпека*
Lesson	*Урок*

Questions About the Story

1. *Why did Emily decide to take ice skating lessons?*

    a) She wanted to become a professional skater
    b) She was looking for a new hobby
    c) She wanted to learn something challenging

2. *How did Emily feel when she first stepped onto the ice?*

    a) Confident and ready
    b) Nervous and excited
    c) Disappointed and scared

3. *What key advice did Mr. Jones give to Emily?*

    a) Speed is everything
    b) Balance is key
    c) Practice makes perfect

4. *What was Emily's reaction to falling on the ice?*

    a) She gave up immediately
    b) She cried and felt embarrassed
    c) She laughed it off and got back up

5. *How did Emily's skills change over the course of her lessons?*

    a) They deteriorated due to lack of practice
    b) They slightly improved but not significantly
    c) She learned to skate faster and with more agility

Correct Answers:

1. c) She wanted to learn something challenging
2. b) Nervous and excited
3. b) Balance is key
4. c) She laughed it off and got back up
5. c) She learned to skate faster and with more agility

- Chapter Forty-Seven -
A HISTORICAL TOUR

Історична Екскурсія

Том і Сара вирішують приєднатися до історичної екскурсії своїм містом. Вони зустрічають свого гіда, пана Лі, біля входу в музей. "Сьогодні ми дослідимо багату історію нашого міста," — оголошує пан Лі.

Їхня перша зупинка — величний замок XII століття. "Цей замок був свідком багатьох важливих подій," — пояснює пан Лі. Том і Сара захоплені старовинною архітектурою та історіями минулого.

Далі вони відвідують руїни старого пам'ятника. Пан Лі розповідає історії про людей, які колись там жили. Том і Сара відчувають, ніби подорожують у часі.

Екскурсія закінчується в музеї, де вони бачать артефакти та виставки про культуру та спадщину міста. Вони дізнаються про давні інструменти, одяг та мистецтво, що формували історію їхнього міста.

Том і Сара залишають екскурсію з відчуттям просвітлення і вдячності за можливість відкрити минуле свого міста. Вони планують разом досліджувати більше історичних місць.

Vocabulary

Historical	Історичний
Tour	Екскурсія
Monument	Пам'ятник
Guide	Гід
Century	Століття
Castle	Замок
Museum	Музей
Artifact	Артефакт
Explore	Досліджувати
Ruins	Руїни
Discover	Відкривати
Ancient	Давній
Exhibition	Виставка
Culture	Культура
Heritage	Спадщина

Questions About the Story

1. *Who leads the historical tour Tom and Sara join?*

    a) Mr. Lee
    b) A museum curator
    c) A history professor

2. *What is the first historical site Tom and Sara visit on their tour?*

    a) A medieval village
    b) An ancient monument
    c) A grand castle from the 12th century

3. *What do Tom and Sara feel as they explore the castle?*

    a) Boredom
    b) Confusion
    c) Fascination and wonder

4. *Where does the tour end?*

    a) At the city hall
    b) Back at the museum
    c) In the city square

5. *What do Tom and Sara learn about at the museum?*

    a) Modern art
    b) The city's future plans
    c) The city's culture and heritage

Correct Answers:

1. a) Mr. Lee
2. c) A grand castle from the 12th century
3. c) Fascination and wonder
4. b) Back at the museum
5. c) The city's culture and heritage

- Chapter Forty-Eight -
THE BAKE SALE

Розпродаж Випічки

Ліза та її друзі організовують розпродаж випічки у їхній школі, щоб зібрати кошти для місцевого притулку для тварин. Вони проводять цілий день напередодні, випікаючи торти, печиво та пироги.

У день продажу Ліза встановлює стіл з усіма смачними ласощами. "Все так апетитно пахне," — думає вона, сподіваючись, що багато людей куплять їхні випічки.

Продаж виявляється успішним! Людям подобаються солодкі печива та пухкі торти. Ліза та її друзі міксують різні інгредієнти, створюючи унікальні смаки, які стають фаворитами.

До кінця дня майже все розпродано. Ліза рахує гроші і радіє, бачачи, скільки вони зібрали для притулку для тварин. "Цей фандрайзинг був чудовою ідеєю," — каже вона.

Розпродаж випічки не тільки допомагає притулку для тварин, але й об'єднує спільноту заради солодкої справи.

Vocabulary

Bake	*Випікати*
Sale	*Продаж*
Cake	*Торт*
Cookie	*Печиво*
Oven	*Піч*
Dough	*Тісто*
Mix	*Міксувати*
Recipe	*Рецепт*
Ingredient	*Інгредієнт*
Sweet	*Солодкий*
Pie	*Пиріг*
Fundraiser	*Фандрайзинг*
Delicious	*Смачний*
Sugar	*Цукор*
Flour	*Борошно*

Questions About the Story

1. *What was the purpose of the bake sale organized by Lisa and her friends?*

    a) To fund a school trip
    b) To support a local animal shelter
    c) To buy new sports equipment for the school

2. *What items did Lisa and her friends bake for the sale?*

    a) Cakes, cookies, and pies
    b) Sandwiches and salads
    c) Vegan and gluten-free snacks

3. *What was Lisa's hope for the bake sale?*

    a) To sell out everything by noon
    b) To raise enough money for a new animal shelter
    c) That many people would buy their baked goods

4. *How did the community respond to the bake sale?*

    a) They ignored the sale
    b) They complained about the prices
    c) They loved the sweet cookies and the fluffy cakes

5. *What unique approach did Lisa and her friends take for their baked goods?*

    a) Using family recipes
    b) Mixing different ingredients to create unique flavors
    c) Baking everything with organic ingredients

Correct Answers:

1. b) To support a local animal shelter
2. a) Cakes, cookies, and pies
3. c) That many people would buy their baked goods
4. c) They loved the sweet cookies and the fluffy cakes
5. b) Mixing different ingredients to create unique flavors

- Chapter Forty-Nine -
THE TALENT SHOW

Талант-шоу

У місцевому громадському центрі відбувається талант-шоу, де всі запрошені виступити. Емма вирішує співати, а її брат Джейк виступить з фокусами.

Сцена готова, і глядачі з нетерпінням чекають виступів. Емма нервує, але водночас радіє. Коли настає її черга, вона чудово співає, і глядачі гучно аплодують.

Джейк продовжує своїми фокусами, змушуючи кролика зникнути та з'явитися знову. Натовп зачарований і віддає йому гучні оплески.

Суддям важко вирішити, але в кінці вони вручають призи найвидатнішим талантам. Емма та Джейк не виграють, але раді, що виступили.

Талант-шоу об'єднує громаду, відзначаючи різноманітні таланти серед них. Емма та Джейк з нетерпінням чекають наступної участі у наступному році.

Vocabulary

Talent	Талант
Show	Шоу
Perform	Виступати
Stage	Сцена
Audience	Глядачі
Judge	Суддя
Act	Номер
Sing	Співати
Dance	Танцювати
Magic	Магія
Award	Приз
Applause	Аплодисменти
Contestant	Учасник
Juggle	Жонглювати
Performer	Виконавець

Questions About the Story

1. *What event do Emma and Jake participate in?*

   a) A bake sale
   b) A talent show
   c) A school play

2. *What talent does Emma showcase at the talent show?*

   a) Dancing
   b) Singing
   c) Magic tricks

3. *What does Jake perform in the talent show?*

   a) A dance
   b) A song
   c) A magic act

4. *How does the audience react to Emma's performance?*

   a) They leave the room
   b) They boo
   c) They applaud loudly

5. *What magic trick does Jake perform?*

   a) Pulling a hat out of a rabbit
   b) Making a rabbit disappear and reappear
   c) Levitating

Correct Answers:

1. b) A talent show
2. b) Singing
3. c) A magic act
4. c) They applaud loudly
5. b) Making a rabbit disappear and reappear

- Chapter Fifty -
A DAY WITH GRANDPARENTS

День з Бабусею і Дідусем

Анна відвідує своїх бабусю та дідуся на день. Вони живуть у будинку з великим садом. "У нас запланований особливий день," — каже її бабуся з посмішкою.

Спочатку вони разом печуть печиво. Бабуся Анни навчає її, як змішувати тісто. "Випікання — це традиція в нашій родині," — пояснює вона. Вони насолоджуються теплим печивом під час обіду.

Після обіду вони йдуть в сад. Дідусь Анни показує їй, як садити насіння. "Сади схожі на сім'ї; вони ростуть з любов'ю та турботою," — каже він.

Вони проводять післяобідню пору, переглядаючи старі сімейні фотографії. "Ці спогади безцінні," — каже її бабуся, обіймаючи Анну.

Перед від'їздом Анна обіймає своїх бабусю і дідуся. "Сьогодні було чудово. Дякую, що навчили мене так багато," — каже вона. Вони посміхаються, раді поділитися своєю мудрістю та любов'ю.

Vocabulary

Grandparents	*Бабуся і дідусь*
Story	*Історія*
Bake	*Пекти*
Garden	*Сад*
Teach	*Навчати*
Memory	*Спогад*
Love	*Любов*
Old	*Старий*
Wisdom	*Мудрість*
Photo	*Фотографія*
Lunch	*Обід*
Hug	*Обіймати*
Family	*Родина*
Tradition	*Традиція*
Smile	*Посмішка*

Questions About the Story

1. *What activity did Anna and her grandparents start with?*

   a) Planting seeds
   b) Baking cookies
   c) Looking at old family photos

2. *What metaphor did Anna's grandpa use to describe gardens?*

   a) Gardens need sunlight to grow
   b) Gardens are like families; they grow with love and care
   c) Gardens are full of surprises

3. *What did Anna and her grandparents enjoy after baking?*

   a) They went for a walk in the garden
   b) They had lunch and enjoyed the warm cookies
   c) They started planting seeds immediately

4. *What did Anna learn from her grandparents?*

   a) How to bake cookies and plant seeds
   b) The history of their family
   c) Both A and B

5. *What was the special day planned by Anna's grandparents?*

   a) A baking day
   b) A gardening day
   c) A day full of family activities

Correct Answers:

1. b) Baking cookies
2. b) Gardens are like families; they grow with love and care
3. b) They had lunch and enjoyed the warm cookies
4. c) Both A and B
5. c) A day full of family activities

- Chapter Fifty-One -
THE PUZZLE CHALLENGE

306

Загадковий Конкурс

У школі пані Кларк оголошує конкурс на складання пазлів. "Це перевірить вашу логіку та командну роботу," — каже вона. Клас збуджений.

Кожній команді видають пазл з багатьма частинами. "Давайте ретельно подумаємо і працюємо разом," — каже Лео, лідер команди. Вони починають складати пазл, намагаючись зібрати всі частини разом.

На півдорозі вони застрягають. "Нам потрібно знайти відсутню частинку," — каже Міа, оглядаючись. Після моменту роздумів вони знаходять підказку, яка веде їх до рішення.

Врешті їхня команда першою завершує пазл. "Чудова робота, всі! Ваша командна робота та логіка вражають," — хвалить їх пані Кларк.

Загадковий конкурс став не просто грою, а уроком співпраці та вирішення проблем.

Vocabulary

Puzzle	*Пазл*
Challenge	*Конкурс*
Solve	*Вирішувати*
Piece	*Частина*
Think	*Думати*
Brain	*Мозок*
Game	*Гра*
Clue	*Підказка*
Mystery	*Таємниця*
Team	*Команда*
Logic	*Логіка*
Answer	*Відповідь*
Question	*Запитання*
Riddle	*Загадка*
Compete	*Змагатися*

Questions About the Story

1. *Who announces the puzzle challenge in school?*

    a) Mr. Lee
    b) Mrs. Clark
    c) Mia

2. *What is Leo's role in the team?*

    a) The team leader
    b) The class president
    c) The puzzle master

3. *What does Mia say when the team gets stuck?*

    a) "Let's give up."
    b) "We need to find the missing piece."
    c) "This is too hard."

4. *What was the key to completing the puzzle?*

    a) Cheating
    b) Asking the teacher for help
    c) Finding a missing piece

5. *How did Mrs. Clark praise the team?*

    a) "Your teamwork and logic were impressive."
    b) "You should have done better."
    c) "You were the slowest."

Correct Answers:

1. b) Mrs. Clark
2. a) The team leader
3. b) "We need to find the missing piece."
4. c) Finding a missing piece
5. a) "Your teamwork and logic were impressive."

- Chapter Fifty-Two -
A CAMPING MYSTERY

Таємниця На Кемпінгу

Під час кемпінгу Майк та його друзі чують дивні звуки вночі. "Ти чув це?" — запитує Майк, коли вони сидять біля багаття.

Зацікавлені, вони вирішують розслідувати зі своїми ліхтариками. "Здається, звуки йдуть звідти," — каже Сара, вказуючи на темний ліс.

Слідуючи за звуками, вони знаходять сліди на землі. "Це схоже на тваринячі сліди," — зауважує Майк. Таємниця заглиблюється.

Раптово вони бачать рухаючу тінь. Вони готуються до чогось страшного, але виявляється, що це просто загублений пес. "Він мабуть і створював ці звуки," — каже Сара з полегшенням.

Вони повертаються до свого намету, беручи собі пса. "Цей похід перетворився на несподівану пригоду," — каже Майк, поки вони всі сміються і насолоджуються рештою ночі безпечно біля вогню.

Vocabulary

Camping	Кемпінг
Mystery	Таємниця
Tent	Намет
Night	Ніч
Forest	Ліс
Flashlight	Ліхтарик
Noise	Шум
Fire	Вогонь
Scary	Страшний
Track	Слід
Dark	Темрява
Campfire	Багаття
Investigate	Розслідувати
Shadow	Тінь
Scream	Крик

Questions About the Story

1. *What do Mike and his friends hear at night during their camping trip?*

    a) Strange noises
    b) Music
    c) Thunder

2. *What do Mike and his friends use to investigate the strange noises?*

    a) Flashlights
    b) Mobile phones
    c) Lanterns

3. *Where do the strange noises seem to be coming from?*

    a) The lake
    b) Another campsite
    c) The dark forest

4. *What do Mike and his friends find on the ground that adds to the mystery?*

    a) A map
    b) Animal tracks
    c) A lost item

5. *What do Mike and his friends discover as the source of the noises?*

    a) A ghost
    b) A lost dog
    c) An owl

Correct Answers:

1. a) Strange noises
2. a) Flashlights
3. c) The dark forest
4. b) Animal tracks
5. b) A lost dog

Chapter Fifty-Three

DISCOVERING A NEW HOBBY

Відкриття Нового Хобі

Емма втомилася від звичного вікенду та вирішує спробувати щось нове, щоб розбудити свій інтерес. "Мені потрібне хобі," — думає вона.

Вона починає з малювання, намагаючись створити прості художні роботи. Хоча її перші спроби не були ідеальними, вона надзвичайно насолоджується процесом. "Це весело," — усвідомлює Емма, коли мішає фарби і спостерігає, як її ідеї оживають на полотні.

Далі Емма пробує свої сили в рукоділлі. Вона знаходить радість у створенні малих декоративних предметів для свого дому. Кожен готовий виріб дарує їй відчуття досягнення.

Її цікавість росте, що спонукає її дослідити фотографію. Емма проводить години, захоплюючи красу природи своїм фотоапаратом. "Так багато речей для споглядання і вивчення," — дивується вона, переглядаючи свої фотографії.

Подорож Емми в світ нових хобі принесла їй не тільки захоплення, але й нові навички та глибше розуміння креативності. "Я рада, що вирішила спробувати щось нове," — роздумує вона, плануючи свою наступну пригоду за хобі.

Vocabulary

Hobby	Хобі
Discover	Відкривати
Interest	Інтерес
Learn	Вчити
Practice	Практикувати
Skill	Навичка
Fun	Весело
Activity	Заняття
Craft	Рукоділля
Paint	Фарбувати
Collection	Колекція
Music	Музика
Book	Книга
Photography	Фотографія
Drawing	Малювання

Questions About the Story

1. *What motivates Emma to find a new hobby?*

    a) She felt bored with her usual weekend routine
    b) She wanted to join her friends
    c) She needed to complete a school project

2. *Which of the following is NOT a hobby that Emma tried?*

    a) Painting
    b) Photography
    c) Gardening

3. *How does Emma feel about her first attempts at painting?*

    a) Disappointed
    b) Indifferent
    c) Enjoyed the process immensely

4. *What realization does Emma have while engaging in her new hobbies?*

    a) She prefers outdoor activities
    b) She enjoys the process of learning and creating
    c) She wants to become a professional artist

5. *Which hobby did Emma explore last?*

    a) Painting
    b) Crafting
    c) Photography

Correct Answers:

1. a) She felt bored with her usual weekend routine
2. c) Gardening
3. c) Enjoyed the process immensely
4. b) She enjoys the process of learning and creating
5. c) Photography

- Chapter Fifty-Four -
THE FRIENDLY COMPETITION

Дружнє Змагання

У школі, на щорічному спортивному дні, повному хвилювання і дружнього змагання, Алекс та Джеймі, двоє добрих друзів, записуються на естафету.

"Нехай переможе найкраща команда," — кажуть вони один одному з посмішкою, потискаючи руки перед гонкою. Їхні команди готові, і атмосфера наповнена передчуттям.

Як тільки гонка розпочинається, повітря наповнюється вигуками. Алекс і Джеймі біжать з усіх сил, гладко передаючи естафету своїм товаришам по команді. Змагання виявляється напруженим, але в кінці команда Алекса виграє з невеликим відривом.

Незважаючи на поразку, Джеймі не засмучений. "Це була чудова гонка," — вітає він Алекса, "Ваша команда була чудова сьогодні!"

Вони обидва згодні, що перемога була веселою, але участь і насолода грою з друзями були справжньою суттю. Їхня дружба залишається міцною, зміцненою духом здорового змагання.

Vocabulary

Competition	*Змагання*
Friendly	*Дружній*
Win	*Перемога*
Lose	*Програш*
Prize	*Приз*
Race	*Гонка*
Team	*Команда*
Sport	*Спорт*
Play	*Грати*
Challenge	*Виклик*
Score	*Рахунок*
Match	*Матч*
Fun	*Весело*
Opponent	*Суперник*
Cheer	*Вболівати*

Questions About the Story

1. *What event brings Alex and Jamie to compete?*

    a) A science fair
    b) A relay race
    c) A chess tournament

2. *What was Alex and Jamie's attitude before the race?*

    a) Competitive
    b) Indifferent
    c) Supportive

3. *How did Alex and Jamie prepare for the race?*

    a) By studying
    b) By training
    c) By strategizing with their team

4. *What was the outcome of the relay race?*

    a) Jamie's team won
    b) Alex's team won
    c) It was a tie

5. *How did Jamie react to losing the race?*

    a) With disappointment
    b) With joy
    c) With sportsmanship

Correct Answers:

1. b) A relay race
2. c) Supportive
3. c) By strategizing with their team
4. b) Alex's team won
5. c) With sportsmanship

- Chapter Fifty-Five -
A VISIT TO THE GRAND CANYON

Візит до Великого Каньйону

Лукас завжди мріяв побачити Великий Каньйон. Одного літа він нарешті здійснив цю подорож. "Це буде пригода," — думав він, пакуючи свій рюкзак.

Стоячи на краю каньйону, Лукас був вражений величезним ландшафтом перед собою. Вид на глибокий каньйон із його шарами кольорових скель відбирав у нього подих. "Це красивіше, ніж я уявляв," — шепотів він собі.

Він провів день, ходячи по стежках, захоплюючись захоплюючими видами та спокійною красою природи. Лукас зробив багато фотографій, намагаючись зафіксувати велич каньйону.

На світанку він спостерігав, як каньйон поступово освітлюється ранковим світлом, створюючи захоплюючу сцену. "Цей момент робить всю подорож вартісною," — Лукас відчував глибокий зв'язок з природою.

Його візит до Великого Каньйону став не просто пунктом у списку бажань, а незабутнім досвідом, який поглибив його цінування природного світу.

Vocabulary

Canyon	Каньйон
Grand	Великий
Nature	Природа
Hike	Похід
View	Вид
Rock	Скеля
River	Річка
Park	Парк
Explore	Досліджувати
Trail	Стежка
Landscape	Ландшафт
Adventure	Пригода
Guide	Гід
Cliff	Скеля
Sunrise	Світанок

Questions About the Story

1. *What inspired Lucas to make the trip?*

   a) A documentary
   b) A friend's suggestion
   c) A lifelong dream

2. *What was Lucas's reaction upon seeing the Grand Canyon?*

   a) He was slightly disappointed
   b) He was in awe
   c) He was indifferent

3. *What did Lucas do to try and capture the beauty of the Grand Canyon?*

   a) He wrote a poem
   b) He took many photos
   c) He painted a picture

4. *What time of day did Lucas find most breathtaking at the Grand Canyon?*

   a) Sunset
   b) Midday
   c) Sunrise

5. *How did Lucas feel about his trip to the Grand Canyon?*

   a) It was just another trip
   b) It was a disappointment
   c) It was a memorable experience

Correct Answers:

1. c) A lifelong dream
2. b) He was in awe
3. b) He took many photos
4. c) Sunrise
5. c) It was a memorable experience

- Chapter Fifty-Six -
THE HOMEMADE GIFT

Ручна Подарунок

На день народження Анни її подруга Марія вирішує зробити подарунок власноруч. Марія думає: "Я хочу створити щось особливе для Анни."

Марія любить творити, тому вона вибирає розмалювати маленьку скриньку і зшити маленький мішечок. Вона в'яже кольоровий шарф, думаючи про Анну. "Анні це сподобається," — посміхається Марія, уявляючи здивування своєї подруги.

Закінчивши рукоділля, Марія акуратно загортає подарунки. Вона використовує яскраву стрічку для зав'язування пакунку та додає ручної листівку, написавши: "З любов'ю і думкою."

Коли Анна відкриває свій подарунок, її очі світяться радістю. "Це так особливо! Дякую, Марія," — вигукує вона, обіймаючи свою подругу. Уважний ручний подарунок Марії зробив день народження Анни незабутнім.

Vocabulary

Gift	Подарунок
Homemade	Ручна робота
Craft	Рукоділля
Surprise	Сюрприз
Create	Створити
Paint	Фарбувати
Sew	Шити
Knit	В'язати
Design	Дизайн
Special	Особливий
Card	Листівка
Wrap	Загортати
Ribbon	Стрічка
Love	Любов
Thoughtful	Уважний

Questions About the Story

1. *What occasion is being celebrated in the story?*

    a) Maria's birthday
    b) Anna's birthday
    c) A holiday

2. *What type of gift does Maria decide to give Anna?*

    a) Store-bought jewelry
    b) Homemade crafts
    c) A book

3. *Which of the following items did Maria NOT craft for Anna?*

    a) A painted box
    b) A sewn pouch
    c) A ceramic vase

4. *How did Maria wrap the gift?*

    a) In a plain box
    b) With newspaper
    c) With bright ribbon and a handmade card

5. *What was Maria's intention behind creating the gift?*

    a) To save money
    b) To create something special for Anna
    c) Because she forgot to buy a gift

Correct Answers:

1. b) Anna's birthday
2. b) Homemade crafts
3. c) A ceramic vase
4. c) With bright ribbon and a handmade card
5. b) To create something special for Anna

- Chapter Fifty-Seven -
A SPECIAL DAY OUT

Особливий День На Вулиці

Ліам та його сім'я вирішують провести день у парку атракціонів. "Це буде так весело!" — вигукує Ліам, міцно тримаючи свій квиток.

Їхня перша зупинка — американські гірки. Ліам відчуває суміш хвилювання та нервів, стоячи в черзі. "Ось ми й поїхали!" — кричить він, коли гірки рушають.

Протягом дня вони пробують різні атракціони, сміються та насолоджуються морозивом. Улюблена частина дня для Ліама — магічне шоу, де його вибрали допомагати на сцені. "Це було круто!" — каже він, все ще під враженням.

Вони закінчують день з втомленими посмішками, несучи сувеніри та спогади про фантастичний день. "Можемо ми скоро повернутися?" — питає Ліам, уже чекаючи наступного візиту.

Vocabulary

Outing	Виїзд
Amusement park	Парк атракціонів
Roller coaster	Американські гірки
Ticket	Квиток
Fun	Весело
Laugh	Сміх
Ice cream	Морозиво
Queue	Черга
Ride	Атракціон
Souvenir	Сувенір
Map	Карта
Show	Шоу
Snack	Перекус
Excited	Захоплений
Tired	Втомлений

Questions About the Story

1. *Where did Liam and his family spend their day?*

    a) At the beach
    b) In a museum
    c) At the amusement park

2. *What was Liam's reaction before the roller coaster ride?*

    a) Terrified
    b) Excited and nervous
    c) Bored

3. *What did Liam and his family do throughout the day?*

    a) Went hiking
    b) Visited different rides and enjoyed ice cream
    c) Played sports

4. *What was Liam's favorite part of the day?*

    a) Eating ice cream
    b) The roller coaster
    c) The magic show

5. *How did Liam participate in the magic show?*

    a) By watching
    b) By clapping
    c) By assisting on stage

Correct Answers:

1. c) At the amusement park
2. b) Excited and nervous
3. b) Visited different rides and enjoyed ice cream
4. c) The magic show
5. c) By assisting on stage

- Chapter Fifty-Eight -
THE NEW CLUB

Новий Клуб

Олена почула про новий клуб фотографії в школі і була зацікавлена долучитися. "Це може бути справді цікаво," — подумала вона, плануючи відвідати перше засідання.

На зустрічі Олена зустріла інших студентів, які поділяли її зацікавленість у фотографії. Лідер клубу обговорив різні заходи та проєкти, які вони могли б організувати. "У мене стільки ідей," — з ентузіазмом поділилася Олена з групою.

Разом вони спланували свій перший захід, фотопрогулянку в парку на вихідних. "Буде чудово вчитися один у одного," — усвідомила Олена, відчуваючи себе прийнятою та натхненною.

Участь в клубі фотографії не тільки допомогла Олені знайти нових друзів, але й покращила її навички фотографії. Вона рада, що знайшла групу, де могла б захоплюватися своєю пристрастю і вносити свої ідеї.

Vocabulary

Club	Клуб
Member	Учасник
Meeting	Зустріч
Activity	Діяльність
Join	Долучитися
Interest	Інтерес
Group	Група
Weekly	Щотижневий
Event	Захід
Organize	Організувати
Leader	Лідер
Idea	Ідея
Discuss	Обговорювати
Plan	Планувати
Welcome	Ласкаво просимо

Questions About the Story

1. *Why was Elena eager to join the new photography club at school?*

   a) To meet the club leader
   b) To improve her photography skills
   c) Because she was interested in photography

2. *What did Elena and the other club members plan as their first event?*

   a) A photo exhibition
   b) A weekend photo walk in the park
   c) A photography competition

3. *What was Elena's reaction to meeting other students at the photography club?*

   a) She was intimidated
   b) She was excited and shared many ideas
   c) She decided to leave the club

4. *How did joining the photography club benefit Elena?*

   a) She became the club leader
   b) She made new friends and improved her photography skills
   c) She won a photography award

5. *What was discussed in the first photography club meeting?*

   a) The club's budget
   b) Club uniforms
   c) Various activities and projects

Correct Answers:

1. c) Because she was interested in photography
2. b) A weekend photo walk in the park
3. b) She was excited and shared many ideas
4. b) She made new friends and improved her photography skills
5. c) Various activities and projects

- Chapter Fifty-Nine -
THE COMMUNITY GARDEN

Громадський Сад

У маленькому місті був прекрасний громадський сад, де кожен міг посадити овочі та квіти. Одного сонячного дня Сара вирішила волонтерити в саду.

"Спершу я посію насіння," — подумала Сара, коли почала копати грунт. Вона посадила моркву та помідори, акуратно поливаючи їх. Поруч розквітали кольорові квіти, приваблюючи метеликів та птахів, що наповнювали сад життям.

З плином тижнів Сара спостерігала, як її рослини ростуть. Вона навчилася видаляти бур'яни та використовувати компост для збагачення грунту. "Подивіться, скільки овочів та квітів я допомогла виростити," — гордо сказала вона.

Коли настав час збору врожаю, Сара та інші волонтери зібрали свої врожаї. Вони виросли багато зелених овочів та красивих квітів. "Цей сад об'єднує нашу громаду," — посміхнулася Сара, відчуваючи зв'язок з природою та своїми сусідами.

Vocabulary

Garden	Сад
Plant	Садити
Vegetable	Овоч
Flower	Квітка
Community	Громада
Grow	Рости
Soil	Ґрунт
Water	Поливати
Harvest	Збір урожаю
Seed	Насіння
Green	Зелений
Nature	Природа
Volunteer	Волонтер
Compost	Компост
Weed	Бур'ян

Questions About the Story

1. *What did Sarah decide to volunteer for?*

   a) A community service project
   b) A local farm
   c) A community garden

2. *What type of seeds did Sarah plant?*

   a) Corn and peas
   b) Carrots and tomatoes
   c) Sunflowers and roses

3. *What attracted birds and butterflies to the garden?*

   a) The pond
   b) The colorful flowers
   c) The fruit trees

4. *What did Sarah learn to do in the garden?*

   a) Climb trees
   b) Remove weeds and use compost
   c) Make flower arrangements

5. *What was the result of Sarah and the volunteers' work?*

   a) The garden was closed
   b) They opened a new garden
   c) A lot of vegetables and flowers grew

Correct Answers:

1. c) A community garden
2. b) Carrots and tomatoes
3. b) The colorful flowers
4. b) Remove weeds and use compost
5. c) A lot of vegetables and flowers grew

- Chapter Sixty -
THE SCHOOL NEWSPAPER

Шкільна Газета

Том був редактором шкільної газети. Він завжди шукав цікаві новини та історії. "Цього місяця ми опублікуємо інтерв'ю з нашими новими вчителями," — вирішив Том.

Він та його команда наполегливо працювали, писали статті, проводили інтерв'ю та робили фотографії. "Ми повинні все підготувати до крайнього терміну," — нагадував Том усім.

У день публікації газети Том відчув гордість. Студенти та вчителі читали їхні роботи. "Ваша стаття про науковий ярмарок була справді цікавою," — сказав йому вчитель.

Участь у команді газети навчила Тома та його друзів важливості командної роботи та комунікації. Вони були щасливі забезпечувати новини та думки своєї шкільної спільноти.

Vocabulary

Newspaper	Газета
Article	Стаття
Editor	Редактор
Interview	Інтерв'ю
Publish	Публікувати
Report	Звіт
News	Новини
Deadline	Крайній термін
Write	Писати
Column	Колонка
Review	Огляд
Photograph	Фотографія
Issue	Випуск
Investigate	Досліджувати
Opinion	Думка

Questions About the Story

1. *What role did Tom have in the school newspaper?*

    a) Writer
    b) Photographer
    c) Editor

2. *What did Tom's team plan to feature in the newspaper this month?*

    a) Sports events
    b) Interviews with new teachers
    c) Movie reviews

3. *What was Tom's reminder to his team about?*

    a) To interview more teachers
    b) To make sure everything is ready before the deadline
    c) To take more photographs

4. *How did Tom feel on the day the newspaper was published?*

    a) Disappointed
    b) Nervous
    c) Proud

5. *What feedback did Tom receive from a teacher?*

    a) The layout needed improvement
    b) The articles were too short
    c) The report on the science fair was interesting

Correct Answers:

1. c) Editor
2. b) Interviews with new teachers
3. b) To make sure everything is ready before the deadline
4. c) Proud
5. c) The report on the science fair was interesting

- Chapter Sixty-One -
THE TIME CAPSULE

Капсула Часу

Клас пані Ґрін вирішив створити капсулу часу. "Ми поховаємо її і відкриємо через десять років," — пояснила вона. Кожен учень написав листа своєму майбутньому я та поклав маленький скарб.

Вони знайшли міцну скриньку і поклали все всередину. "Тепер давайте знайдемо ідеальне місце для нашої капсули часу," — сказала пані Ґрін. Вони обрали тихий куточок у шкільному саду.

Роки минули, і настав день відкриття капсули часу. Усі були схвильовані, аби побачити свої листи та спогади. "Не можу повірити, скільки все змінилося," — сказав один учень, читаючи свій лист.

Капсула часу стала мостом між минулим і майбутнім. Вона зберегла їхню історію та показала, скільки вони виросли. "Це була чудова ідея," — всі погодилися, радісно занурюючись у спогади про свої молоді роки.

Vocabulary

Capsule	*Капсула*
Time	*Час*
Bury	*Поховати*
Future	*Майбутнє*
Letter	*Лист*
Memory	*Спогад*
Open	*Відкривати*
Past	*Минуле*
Message	*Повідомлення*
Discover	*Відкрити*
Year	*Рік*
Treasure	*Скарб*
Box	*Скринька*
History	*Історія*
Preserve	*Зберігати*

Questions About the Story

1. *What did Mrs. Green's class decide to create?*

   a) A memory book
   b) A documentary film
   c) A time capsule

2. *What was the purpose of the time capsule?*

   a) To win a school competition
   b) To open it in ten years
   c) To hide from the school principal

3. *Where did the class choose to bury the time capsule?*

   a) In the school library
   b) In a quiet corner of the school garden
   c) Under the school's main hall

4. *What did each student add to the time capsule?*

   a) A picture
   b) A letter to their future self and a small treasure
   c) Homework assignments

5. *What did the students feel when they finally opened the time capsule?*

   a) Disappointment
   b) Excitement
   c) Indifference

Correct Answers:

1. c) A time capsule
2. b) To open it in ten years
3. b) In a quiet corner of the school garden
4. b) A letter to their future self and a small treasure
5. b) Excitement

- Chapter Sixty-Two -
A SURPRISE GUEST

Несподіваний Гість

Люсі влаштувала невелику вечірку в своєму домі. Вона запросила своїх друзів та родину, щоб разом провести вечір. "Сподіваюсь, усім буде добре," — думала вона, готуючи вечерю.

Раптом пролунав дзвінок у двері. "Хто це може бути?" — замислилась Люсі. Вона відчинила двері і знайшла несподіваного гостя: свою подругу Мію, яка минулого року переїхала за кордон. "Мія! Яка чудова несподіванка!" — вигукнула Люсі, тепло зустрічаючи її.

Мія принесла подарунки для всіх, і її прибуття зробило вечірку ще особливішою. Усі насолоджувались вечерею, спілкувались і сміялись разом. Мія ділилась історіями своїх пригод за кордоном, а всі слухали, захоплені.

"Як добре тебе знову бачити," — сказала Люсі. "Давай не чекатимемо ще рік, щоб знову зустрітися." Несподіваний гість зробив вечір незабутнім для Люсі та її гостей. Всі були раді бути разом, насолоджуючись компанією один одного.

Vocabulary

Surprise	Сюрприз
Guest	Гість
Welcome	Вітати
Party	Вечірка
Visit	Візит
Friend	Друг
Dinner	Вечеря
Gift	Подарунок
Arrive	Прибути
Happy	Щасливий
Chat	Бесідувати
Invite	Запросити
Family	Родина
Stay	Залишатися
Enjoy	Насолоджуватися

Questions About the Story

1. *Who was having a small party at her house?*

   a) Mia
   b) Lucy
   c) Sarah

2. *What was Lucy's hope for the party?*

   a) That the food would be delicious
   b) That everyone would have a good time
   c) That the party would end early

3. *Who arrived at Lucy's house as a surprise guest?*

   a) A family member
   b) A neighbor
   c) Mia, her friend who had moved abroad

4. *What did Mia bring to the party?*

   a) A cake
   b) Gifts for everyone
   c) Flowers

5. *What was everyone's reaction to Mia's stories about her adventures abroad?*

   a) Bored
   b) Amazed
   c) Confused

Correct Answers:

1. b) Lucy
2. b) That everyone would have a good time
3. c) Mia, her friend who had moved abroad
4. b) Gifts for everyone
5. b) Amazed

- Chapter Sixty-Three -
THE ENVIRONMENTAL PROJECT

Екологічний Проєкт

Клас пана Сміта вирішив розпочати екологічний проєкт. "Нам потрібно піклуватися про нашу планету," — сказав він своїм учням. Вони всі погодились зосередитись на переробці та очищенні місцевого парку.

Учні збирали відходи, розділяли їх для переробки і садили нові дерева. "Кожна дрібниця має значення," — пояснював пан Сміт, працюючи разом із ними над очищенням. Вони також зробили знаки, щоб заохотити інших тримати парк у чистоті та переробляти відходи.

На кінець проєкту парк виглядав краще, ніж коли-небудь. Учні пишались своєю роботою. "Ми справді зробили різницю," — сказали вони. Вони розпочали кампанію в своїй школі для підвищення обізнаності про важливість переробки та збереження енергії.

Їхній проєкт показав усім, що, працюючи разом, вони можуть зробити свою громаду зеленішою і чистішою. Вони зрозуміли, що навіть маленькі дії можуть мати великий вплив на довкілля.

Vocabulary

Environment	*Довкілля*
Project	*Проєкт*
Recycle	*Переробляти*
Clean	*Чистити*
Pollution	*Забруднення*
Plant	*Саджати*
Earth	*Земля*
Conservation	*Збереження*
Waste	*Відходи*
Green	*Зелений*
Energy	*Енергія*
Save	*Зберегти*
Nature	*Природа*
Campaign	*Кампанія*
Awareness	*Обізнаність*

Questions About the Story

1. *What was the main focus of Mr. Smith's class's environmental project?*

    a) Planting flowers
    b) Cleaning a local park and focusing on recycling
    c) Building birdhouses

2. *What did Mr. Smith tell his students about the importance of the project?*

    a) "We need to take care of our planet."
    b) "This is just for a grade."
    c) "It's too late to make a difference."

3. *What actions did the students take during their environmental project?*

    a) They only planted trees
    b) They gathered waste, separated it for recycling, and planted new trees
    c) They watched documentaries on recycling

4. *What did the students start in their school after the project?*

    a) A dance club
    b) A campaign to raise awareness about recycling and conserving energy
    c) A cooking class

Correct Answers:

1. b) Cleaning a local park and focusing on recycling
2. a) "We need to take care of our planet."
3. b) They gathered waste, separated it for recycling, and planted new trees
4. b) A campaign to raise awareness about recycling and conserving energy

- Chapter Sixty-Four -
A DAY AT THE AQUARIUM

День в Акваріумі

Анна та її брат Том відвідали акваріум у сонячну суботу. "Не можу дочекатися, коли побачу акул та дельфінів," — збуджено сказав Том, коли вони заходили.

Вони розпочали свій тур від великого акваріуму, де кольорові риби плавали серед коралів. "Подивись на ту велику акулу!" — вказала Анна. Вони з захопленням спостерігали, як акула плавала водами.

Далі вони побачили шоу з дельфінами. Дельфіни стрибали та виконували трюки, змушуючи всіх аплодувати та вигукувати. "Дельфіни такі розумні," — вражено сказав Том.

Вони багато дізналися від гіда, який розповів їм про морське життя та як захистити море та його мешканців. Анна та Том побачили багато експонатів, включаючи один з медузами, що світилися в темряві.

"Це був дивовижний день," — сказала Анна, коли вони йшли. "Я так багато дізналася і побачила стільки гарних риб." Вони пообіцяли скоро повернутися, охочі дізнатися більше про підводний світ.

Vocabulary

Aquarium	*Акваріум*
Fish	*Риба*
Shark	*Акула*
Tank	*Акваріум*
Coral	*Корал*
Marine	*Морський*
Dolphin	*Дельфін*
Exhibit	*Експонат*
Sea	*Море*
Tour	*Тур*
Water	*Вода*
Creature	*Істота*
Guide	*Гід*
Learn	*Вчитися*
Jellyfish	*Медуза*

Questions About the Story

1. *What activity did Anna and her brother Tom decide to do on a sunny Saturday?*

    a) Visit the zoo
    b) Go to the aquarium
    c) Attend a concert

2. *What were Tom's feelings about seeing sharks and dolphins at the aquarium?*

    a) Indifferent
    b) Scared
    c) Excited

3. *Which exhibit did Anna and Tom start their tour with at the aquarium?*

    a) Dolphin show
    b) Jellyfish exhibit
    c) Shark tank

4. *What did Tom find impressive at the aquarium?*

    a) The size of the sharks
    b) The intelligence of dolphins
    c) The color of the coral

5. *What did Anna and Tom do at sunrise at the aquarium?*

    a) Witnessed the canyon's illumination
    b) Took photographs
    c) Watched a dolphin show

Correct Answers:

1. b) Go to the aquarium
2. c) Excited
3. c) Shark tank
4. b) The intelligence of dolphins
5. a) Witnessed the canyon's illumination

- Chapter Sixty-Five -
THE COSTUME PARTY

Костюмована Вечірка

Емілі була взбуджена. Вона організовувала костюмовану вечірку на тему казок. "Не можу дочекатися, коли побачу всі костюми," — думала вона, прикрашаючи свій будинок кольоровими лампочками і масками.

У ніч вечірки друзі прибули, одягнені як різні казкові персонажі. Емілі була в прекрасній сукні принцеси, а її друг Макс прийшов як лицар. Музика заповнила кімнату, і всі танцювали і сміялися разом.

Був конкурс на кращий костюм. Усі голосували, і Макс виграв приз за свій креативний костюм лицаря. Вони грали в ігри, їли закуски, і кімната наповнилась радістю та сміхом.

"Це найкраща вечірка!" — згодились усі. Костюмована вечірка була успішною, і Емілі була рада бачити своїх друзів такими веселими.

Vocabulary

Costume	Костюм
Party	Вечірка
Dress up	Одягатися
Theme	Тема
Mask	Маска
Dance	Танцювати
Music	Музика
Prize	Приз
Character	Персонаж
Fun	Веселощі
Invite	Запрошувати
Decorate	Прикрашати
Snack	Закуска
Game	Гра
Laugh	Сміх

Questions About the Story

1. *What was the theme of Emily's costume party?*

   a) Pirate Adventure
   b) Fairy Tale
   c) Superheroes

2. *What costume did Emily wear to the party?*

   a) A pirate
   b) A fairy
   c) A princess

3. *Who won the best costume contest at the party?*

   a) Emily
   b) Max
   c) Sarah

4. *What did Max dress up as for the costume party?*

   a) A wizard
   b) A knight
   c) A dragon

5. *What activities did guests enjoy at the costume party?*

   a) Dancing and playing games
   b) Watching a movie
   c) Swimming

Correct Answers:

1. b) Fairy Tale
2. c) A princess
3. b) Max
4. b) A knight
5. a) Dancing and playing games

- Chapter Sixty-Six -
THE OLD MAP

Стара Карта

Джек знайшов стару карту на горищі свого дідуся. "Це виглядає як скарбна карта," — вигукнув він. Карта вела до прихованого скарбу на далекому острові, позначеному 'X'.

У пошуках пригод, Джек взяв свій компас, стару карту і вирушив у плавання. Подорож була сповнена захоплення та викликів. Він подолав штормове море та досліджував невідомі шляхи.

Слідуючи за підказками на карті, Джек шукав острів. Після годин пошуків він знайшов 'X' біля давнього дерева. Він викопав і відкрив скриню, повну золота та коштовностей.

"Це найбільша пригода мого життя," — сказав Джек, дивуючись своїй знахідці. Стара карта привела його до справжнього скарбу, як у легендах.

Vocabulary

Map	Карта
Treasure	Скарб
Explore	Досліджувати
Compass	Компас
Adventure	Пригода
Island	Острів
X (marks the spot)	X (позначає місце)
Search	Шукати
Find	Знайти
Clue	Підказка
Journey	Подорож
Old	Старий
Legend	Легенда
Path	Шлях
Discover	Відкрити

Questions About the Story

1. *Where did Jack find the old map?*

   a) In his grandfather's attic
   b) In a library book
   c) Buried in his backyard

2. *What did Jack believe the old map led to?*

   a) A hidden treasure
   b) A secret cave
   c) An ancient ruin

3. *Where was the treasure hidden according to the map?*

   a) Under a bridge
   b) Inside a cave
   c) On a distant island

4. *What did Jack use to navigate to the treasure?*

   a) A GPS device
   b) Stars
   c) A compass

5. *What challenge did Jack face on his journey?*

   a) Rough seas
   b) Desert crossing
   c) Mountain climbing

Correct Answers:

1. a) In his grandfather's attic
2. a) A hidden treasure
3. c) On a distant island
4. c) A compass
5. a) Rough seas

- Chapter Sixty-Seven -
A SPACE ADVENTURE

Космічна Пригода

Люсі мріяла досліджувати космос. Одного дня вона стала астронавтом і була обрана для місії на Марс. "Я готова до цієї космічної пригоди," — сказала вона, заходячи на ракету.

Коли ракета стартувала, Люсі відчула хвилю захоплення від виходу за межі земної гравітації. Вона бачила зірки, планети та величезність галактики через вікна шатла.

Місія включала орбітальне облетівання Марсу, збір даних та пошук ознак життя. Люсі та її команда відкрили дивний, світяться камінь, який не був з Марса. "Може він від інопланетян?" — замислились вони.

Після завершення місії вони повернулися на Землю як герої. Космічна пригода Люсі була більш захоплюючою, ніж вона коли-небудь уявляла, змушуючи її прагнути до нових подорожей серед зірок.

Vocabulary

Space	*Космос*
Rocket	*Ракета*
Planet	*Планета*
Star	*Зірка*
Astronaut	*Астронавт*
Orbit	*Орбіта*
Galaxy	*Галактика*
Moon	*Місяць*
Alien	*Інопланетянин*
Shuttle	*Шатл*
Universe	*Всесвіт*
Mission	*Місія*
Telescope	*Телескоп*
Launch	*Старт*
Gravity	*Гравітація*

Questions About the Story

1. *What was Lucy's dream that came true?*

    a) Becoming a teacher
    b) Exploring the ocean
    c) Exploring space

2. *What planet was Lucy's mission focused on?*

    a) Mars
    b) Venus
    c) Jupiter

3. *What did Lucy and her team discover on their mission?*

    a) A strange, glowing rock
    b) A new form of life
    c) Water

4. *How did Lucy feel during the rocket launch?*

    a) Scared
    b) Thrilled
    c) Sick

5. *What was the purpose of Lucy's mission to Mars?*

    a) To plant a flag
    b) To orbit Mars and collect data
    c) To meet aliens

Correct Answers:

1. c) Exploring space
2. a) Mars
3. a) A strange, glowing rock
4. b) Thrilled
5. b) To orbit Mars and collect data

- Chapter Sixty-Eight -
THE LOST CITY

Загублене Місто

Анна, археолог, завжди була зачарована легендою про загублене місто, сховане глибоко в джунглях. Одного дня вона знайшла старовинну карту в старій книзі, що вказувала місцезнаходження руїн. "Це може бути воно," — подумала вона, серце сповнене хвилюванням.

Зібравши свою команду, Анна вирушила в експедицію. Вони пройшли через густі джунглі, керуючись картою. Після декількох днів пошуків вони натрапили на давні руїни, покриті густим плющем.

"Це загублене місто!" — вигукнула Анна. Вони досліджували руїни, знаходячи артефакти та величний храм. Кожна знахідка була підказкою для розуміння цивілізації, яка колись тут процвітала.

Розкриваючи таємниці минулого, Анна усвідомила, що вони розгадали загадку, яка бентежила археологів століттями. Загублене місто більше не було легендою, а видатною знахідкою, яка висвітлила давню цивілізацію.

Vocabulary

City	*Місто*
Lost	*Загублений*
Ruins	*Руїни*
Ancient	*Стародавній*
Explore	*Досліджувати*
Mystery	*Таємниця*
Expedition	*Експедиція*
Map	*Карта*
Jungle	*Джунглі*
Discover	*Відкрити*
Artifact	*Артефакт*
Legend	*Легенда*
Archaeologist	*Археолог*
Temple	*Храм*
Civilization	*Цивілізація*

Questions About the Story

1. *What inspired Anna to embark on her expedition?*

   a) A documentary
   b) A dream
   c) An ancient map

2. *Where was the lost city located?*

   a) In the desert
   b) Deep in the jungle
   c) Under the sea

3. *What did Anna and her team find in the ruins?*

   a) Gold coins
   b) A treasure chest
   c) Artifacts and a grand temple

4. *How did Anna feel when she first saw the ruins?*

   a) Terrified
   b) Excited
   c) Disappointed

5. *What did the expedition team use to guide them through the jungle?*

   a) The stars
   b) A compass
   c) An ancient map

Correct Answers:

1. c) An ancient map
2. b) Deep in the jungle
3. c) Artifacts and a grand temple
4. b) Excited
5. c) An ancient map

- Chapter Sixty-Nine -
THE MAGIC POTION

Чарівна Зілля

Олена, молода відьма, була вирішила заварити чарівну зіллю, яка могла б вилікувати будь-яку хворобу. Вона знайшла рецепт у старовинній книзі заклинань, але потрібні були рідкісні інгредієнти. Рецепт був секретом, переданим через покоління відьом, свідченням сили їх містичного мистецтва.

З готовим казаном Олена вирушила збирати інгредієнти в чарівному лісі. Вона знайшла магічні трави, чарівну воду і рідкісну місячну квітку, яка цвіте лише під повним місяцем. Ці інгредієнти мали силу перетворювати здоров'я та лікувати хворих.

Повернувшись у свою хатинку, Олена акуратно змішала інгредієнти, нашіптуючи заклинання. "Нехай ця зілля приносить зцілення," — шепотіла вона, коли зілля закипіло, випромінюючи м'яке світло. Повітря наповнилося містичною енергією, коли зілля почало перетворюватися перед її очима.

Коли вона нарешті розлила чарівну зіллю по пляшках, Олена знала, що створила щось особливе. Вона поділилася нею з тими, хто потребував, і зілля творило чудеса, заслуживши їй вдячність багатьох. Секрет рецепту зілля став легендою, надихаючи майбутні покоління.

Оленина чарівна зілля була свідченням її майстерності та серця, доводячи, що з рішучістю, дотиком магії та правильними чарами можна зробити світ кращим місцем.

Vocabulary

Potion	Зілля
Magic	Магія
Witch	Відьма
Spell	Заклинання
Brew	Заварювати
Cauldron	Казан
Ingredient	Інгредієнт
Enchant	Зачаровувати
Bottle	Пляшка
Secret	Секрет
Recipe	Рецепт
Transform	Перетворювати
Power	Сила
Mystical	Містичний
Heal	Зціляти

Questions About the Story

1. *What was Elena determined to brew?*

    a) A love potion
    b) A magic potion to heal illnesses
    c) A potion for eternal youth

2. *Where did Elena find the recipe for the magic potion?*

    a) In an ancient spell book
    b) From a friend
    c) Online

3. *What was unique about the moonflower?*

    a) It glowed in the dark
    b) It was poisonous
    c) It only bloomed under a full moon

4. *What did Elena chant while mixing the potion?*

    a) A song of joy
    b) A traditional witch's hymn
    c) "Let this potion bring healing"

5. *What effect did the magic potion have?*

    a) It caused laughter
    b) It healed illnesses
    c) It turned things invisible

Correct Answers:

1. b) A magic potion to heal illnesses
2. a) In an ancient spell book
3. c) It only bloomed under a full moon
4. c) "Let this potion bring healing"
5. b) It healed illnesses

CONCLUSION

Congratulations on Completing "69 Short Ukrainian Stories for Beginners". You've embarked on a remarkable journey through the Ukrainian language, guided by a collection of stories that transcend cultural and geographical boundaries, designed to universally appeal and engage your curiosity and imagination.

Your dedication to learning and expanding your Ukrainian vocabulary through these tales reflects a commendable commitment to linguistic growth. These stories, carefully curated to cater to beginners, have provided you with a solid foundation in understanding and using Ukrainian in a variety of contexts, equipping you with the skills necessary for everyday communication and beyond.

Embarking on the path of language learning is a journey of endless discovery, not just about the language itself but about the possibilities it unlocks. It is a bridge to new ways of thinking, a tool for connecting with others, and a means to explore the vast world of literature and communication.

I am eager to hear about your experiences and the adventures these stories have taken you on. Please share your journey with me on Instagram: **@adriangruszka**. Your progress, challenges, and insights are a source of inspiration and celebration. If this book has sparked joy in your language learning process, feel free to mention it on social media and tag me. Your feedback and stories are incredibly valuable.

For additional resources, deeper insights, and updates, visit **www.adriangee.com**. Here, you'll find a supportive community of fellow language learners and enthusiasts, as well as materials to further aid your exploration of the Ukrainian language.

- Adrian Gee

CONTINUE YOUR LANGUAGE JOURNEY:
Discover "69 More Ukrainian Stories for Intermediate Learners"

Are you on a quest to deepen your mastery of the Ukrainian language and enrich your vocabulary even further? Have you surpassed the beginner stages and crave more complex narratives that challenge and delight? If you've nodded in agreement, then the next step in your linguistic adventure awaits!

"69 More Ukrainian Short Stories for Intermediate Learners" is meticulously crafted for those who have already laid the groundwork with our beginner's collection and are ready to elevate their skills. This sequel not only broadens your linguistic horizons but also delves into more sophisticated themes and structures, perfectly suited for the intermediate learner eager for growth.

In this continuation of your Ukrainian language journey, you will discover:

- A curated selection of engaging stories designed to fit the intermediate Ukrainian learner's needs, ensuring a seamless transition to more advanced material.
- Enhanced vocabulary and grammatical structures, presented within compelling narratives that keep learning both effective and enjoyable.
- Cultural nuances and deeper insights into the Ukrainian-speaking world, offering a richer understanding of the language's context and usage.
- Practical examples and exercises that reinforce your learning, encouraging active application and retention of new knowledge.

Don't let your language learning momentum fade. With "69 More Short Ukrainian Stories for Intermediate Learners," you're not just advancing your Ukrainian proficiency; you're immersing yourself in a world of captivating stories that inspire, educate, and entertain. Ready to take the next step in your Ukrainian language journey and unlock new levels of fluency? Join us, and let's turn the page together towards intermediate mastery.

Made in the USA
Las Vegas, NV
28 December 2024

15487487R00256